格言联璧

GEYAN LIANBI

〔清〕金 缨◎编著

光明日报出版社

图书在版编目（CIP）数据

格言联璧 /（清）金缨编著 . -- 北京：光明日报出版
社，2014.5（2024.3 重印）
（光明岛）
ISBN 978-7-5112-6330-8

Ⅰ . a 格… Ⅱ . a 金… Ⅲ . a 格言—汇编—中国—古
代 Ⅳ . aH136.3

中国版本图书馆 CIP 数据核字（2014）第 071230 号

格言联璧
GEYAN LIANBI

编　　著：〔清〕金　缨

责任编辑：李月娥　　　　　　　　责任校对：王腾达
封面设计：博文斯创　　　　　　　责任印制：曹　净

出版发行：光明日报出版社
地　　址：北京市西城区永安路 106 号，100050
电　　话：010-67022197（咨询），67078870（发行），67019571（邮购）
传　　真：010-67078227，67078255
网　　址：http://book.gmw.cn
E - mail：lijuan@gmw.cn
法律顾问：北京德恒律师事务所龚柳方律师

印　　刷：北京一鑫印务有限责任公司
装　　订：北京一鑫印务有限责任公司
本书如有破损、缺页、装订错误，请与本社联系调换，电话：010-67019571

开　　本：150mm×220mm　　　　　印　　张：12
字　　数：150 千字
版　　次：2014 年 5 月第 1 版
印　　次：2024 年 3 月第 4 次印刷
书　　号：ISBN 978-7-5112-6330-8

定　　价：29.80 元

目　录

学问类

古今来许多世家^①,无非积德;
天地间第一人品,还是读书。

【注释】
① 世家:指那些世世代代做官、门第高贵的人家。

【译文】
从古至今,天下出现的许多显贵的家族,没有不是靠善行的积累而兴家的;世界上最高尚的品格,还是靠读书来培养的。

读书即未成名,究竟人高品雅;
修德不期获报,自然梦稳心安。

【译文】
喜好读书即使没有能够让人功成名就,也终究能使人的品格高贵、品德清雅;修养德行并不期望将来能得到什么回报,自然就能心胸坦荡,梦稳心安。

为善最乐,读书更佳。

【译文】
如果一个人能将做善事当作自己人生最大的快乐,那么他读圣贤之书也一定会读得很好。

诸君到此何为? 岂徒学问文章,
擅一艺微长,便算读书种子?

在我所求亦恕，不过子臣弟友，

尽五伦^①本分，共成名教^②中人。

【注释】

① 五伦：指君臣、父子、夫妇、兄弟、朋友五种人伦关系。

② 名教：以正名定分为主的古代礼教。

【译文】

各位到这里来做什么呢？难道只是为了求学问、写文章吗？如果只是在学问或写作上学得一点特长，那就能算作真正的读书高手了吗？而我所求的"恕"，不过是尽自己的君臣、父子、夫妇、兄弟、朋友五伦本分，成为恪守礼教的人。

聪明用于正路，愈聪明愈好，而文学功名益成其美；

聪明用于邪路，愈聪明愈谬，而文学功名适济其奸。

【译文】

人的聪明才智如果用在正道上，那么聪明才智就越多越好，而文学和功名更能帮助成事、传扬美德；人的聪明才智如果用在干坏事上，那么他的聪明才智越多，他的危害性就会越大，而文学和功名就会使他的奸诈行为更巧妙，更阴险，更具欺骗性。

战虽有阵，而勇为本。

丧虽有礼，而哀为本。

士虽有学，而行为本。

【译文】

两军作战，虽然讲求阵法巧妙，但是以将士的勇气为根本；操办丧事，虽然讲究礼仪周全，但是以哀伤为根本；文人志士，虽然讲究知识丰富、博学多闻，但是必须以道德修养和实际行为为根本。

飘风不可以调宫商①，

巧妇不可以主中馈②，

文章之士不可以治国家。

【注释】

① 宫商：古人把宫、商、角、徵、羽称作五音或五声。

② 中馈：旧称妇女之职为主持中馈。

【译文】

回旋不定的风不可以作为依据来调定与节气对应的音律，精明偷巧的妇人不可以让她主持家中事务，只会写写文章的人是不可以用来治理国家的。

经济①出自学问，经济方有本源。

心性②见之事功，心性方为圆满。

舍事功更无学问，求性道不外文章。

【注释】

① 经济：经世济民，即治理国家，养护百姓。

② 心性：心的本性，即不变的心体为心性。

【译文】

经世济民之道，如果是从深厚的学问中生发出来，才是经世济民的本源。远大的理想抱负，只有体现在建功立业上，才能称得圆满。如果脱离了事功，即经世济民的实际，也不可能成就什么实实在在的学问，要想实现自己的理想抱负，除了写文章之外，也没有别的路可走了。

何谓"至行"①，曰"庸行"②。

何谓"大人"③，曰"小心"。

何以"上达"④，曰"下学"⑤。

何以"远到"，曰"近思"。

学
问
类

① 至行:最高尚的道德行为。

② 庸行:一般的道德行为。

③ 大人:品德高尚的人。

④ 上达:争取进步,积极进取。

⑤ 下学:不耻下问。

【译文】

有人问:"最高尚的道德行为是什么?"回答说:"就是在日常生活中的一言一行、一举一动符合道德伦理标准。"有人问:"达到什么标准才能称得上是德高望重的长者?"回答说:"谦虚谨慎,遵守礼仪。"有人问:"怎样才能使自己的学问有所上进?"回答说:"只有勤奋好学,不耻下问。"有人问:"怎样才能实现远大的抱负?"回答说:"体察世间人情,从身边做起就可以了。"

    竭忠尽孝,谓之人。

    治国经邦,谓之学。

    安危定变,谓之才。

    经天纬地①,谓之文。

    霁月光风,谓之度②。

    万物一体,谓之仁。

【注释】

① 天纬地:织布机上纵线为经,横线为纬。经、纬合在一起为编织,后引申为治理。

② 度:气度,胸襟。南朝梁任昉《王文宪集序》:"有高世之度,脱落尘俗。"

【译文】

能够尽力做到忠孝的,才能无愧地为人;能够治国安邦的政策和谋略,才称得上是学问;能够平息叛乱稳定局势的,才能够称得上人才;能够编织天地自然万物的文字,才能够叫作文章;胸怀光明坦荡、待人温和慈祥的,才能够称为风度;具有天地万物与我一体的仁爱之心,才能够称得起仁。

　　以心术为本根,以伦理为桢干①,
　　以学问为菑畲②;
　　以文章为花萼,以事业为结实,
　　以书史为园林;
　　以歌咏为鼓吹③,以义理为膏粱,
　　以著述为文绣;
　　以诵读为耕耘,以记问为居积,
　　以前言往行为师友;
　　以忠信笃敬为修持,以作善降祥为受用,
　　以乐天知命为依归。

【注释】

　　① 桢干:原指筑墙的木柱。竖在两端的叫桢,竖在两旁的叫干。亦以喻事物之本根。

　　② 菑畲(zǐ yú):头年耕种的土地叫菑,已垦种三年的熟田叫畲。

　　③ 鼓吹:原指鼓、钲、箫、笳合奏的乐曲,此处代指音乐。

【译文】

　　以善良、诚挚的心为根本,把伦理道德当作信条,把学问知识当作良田;把文章当作花朵,把事业当作果实,把书史当作园林;把歌咏当作音乐,把义理当作食物,把著述当作彩绣;把读书当作耕耘,把讨论学问当作积蓄资财,把古人的言行当作良师益友;把恭敬笃信当作修持的主要内容,把行善造福当作快乐享受,把乐天知命当作心灵归宿。

　　凛①闲居②以体独,卜动念以知几③,
　　谨威仪以定命,敦④大伦以凝道⑤,

备百行以考旋,迁善改过以作圣。

【注释】

①凛:严肃、敬畏。

②闲居:不问世事,闲静居坐。

③几:几微、先兆。

④敦:精审躬亲。

⑤凝道:排除各种杂念之后,把那些最好的道理凝结成规律性的理论。

【译文】

人应该严肃注意清闲独处时的个人感受,从而预知每一种想法的含义,慎重处事,建立威仪,安于天命,实践人伦以体现圣人之道,谨慎各种行为来考察自己的道德,及时纠正自己的各种过失与错误,一心向善,最终以成就圣贤之士的美名。

收吾本心①在腔子里,是圣贤第一等学问;

尽吾本分在素位②中,是圣贤第一等工夫。

【注释】

①本心:良心。

②素位:现在所任之职位。

【译文】

人应该把自己的良心珍藏在胸中,永不丧失,是圣贤的第一等学问;忠于职守,尽心尽力做好本职工作,是圣贤的第一等功夫。

万理澄澈,则一心愈精而愈谨;

一心凝聚,则万理愈通而愈流。

【译文】

如能明白万物的事理，内心就会更加清楚而谨慎；用心专一，把精力凝聚在一处，那么心中的万理就会更加畅通，而且能愈流愈远。

　　宇宙①内事，乃己分内事；
　　己分内事，乃宇宙内事。

【注释】

① 宇宙：时间和空间的总和，包括古往今来，上下四方。

【译文】

把宇宙中万事万物，视为自己分内的事，那么自己的分内事，也就成了宇宙间万事万物的分内事。

　　身在天地后，心在天地前。
　　身在万物中，心在万物上。

【译文】

肉体，即人的身躯处在自然万物之后，但是精神，即人的心灵却处在自然万物之前。肉体虽处于自然万物之中，但精神却处在自然万物之上。

　　观天地生物气象，学圣贤克己工夫。
　　下手处是自强不息，成就处是至诚无息。

【译文】

察看天地万物的景象，学习先贤克己养性的功夫。实际生活中身体力行、自强不息，成就时更是培养至诚的努力没有止境。

　　以圣贤之道教人易，以圣贤之道治己难。

以圣贤之道出口易，以圣贤之道躬行难。

以圣贤之道奋始易，以圣贤之道克终难。

圣贤学问是一套，行王道必本天德。

后世学问是两截，不修己只管治人。

【译文】

以圣贤之道教导别人容易，以圣贤之道约束自己很难。把圣贤之道挂在嘴上说说容易，但是把圣贤之道用来身体力行却很困难。践行圣贤之道开始时容易，但是把践行圣贤之道坚持到底却很困难。

圣贤之道是理论与实践的统一，践行王道必须以道德为本，王道与德行不能分离。后代理论与实践相分开，学习圣贤之道不进行自身修养，而只用来要求别人。

口里伊周①，心中盗跖②，

贵人而不责己，名为挂榜圣贤；

独懔明旦，幽畏鬼神，

知人而复知天，方是有根学问。

【注释】

① 伊周：古代两位圣贤。伊，指伊尹；周，指周公姬旦。

② 盗跖（zhí）：人名，相传春秋末期人，旧时被诬称为盗跖。依据《庄子·盗跖》记载，跖为贤人柳下惠的弟弟。跖，又写作"蹠"。

【译文】

口中所处都是先贤，像是满腹仁义的正人君子，其实内心却像盗贼，狡诈无比，不用圣贤之道约束自己，专门用来治理别人，这种人叫作"挂榜圣贤"，即冒牌圣贤。在白天能严肃谨慎，悠闲独处，在夜里敬畏鬼神，不做坏事，既知道人事，也明白天理，这才是真正的、有本有源的学问。

无根本底气节，如酒汉殴人，

格言联璧

8

醉时勇,醒来退消,无分毫气力;

无学问底识见,如庖人^①炀灶^②,

面前明,背后左右,无一些照顾。

【注释】

① 庖(páo)人:古代对厨师的称呼。

② 炀灶:在灶前烤火,比喻遮蔽光亮。

【译文】

没有根本的气节,就如同醉汉打人,酒醉时勇气很大,酒醒后勇气消退,没有丝毫力气;没有学问为根基的见识,就如同厨师站在炉灶前烤火,除了面前光亮,背后左右一片漆黑。

理以心得为精,故当沉潜^①,不然,耳边口头也。

事以典故为据,故当博洽,不然,臆说杜撰也。

【注释】

① 沉潜:含蕴而不露。

【译文】

用心体会事物之理,才能理解精确得当,所以应当沉着稳重,否则,它们就会像耳边的风,口头的话那样一过即逝。事理应当以典故为依据,所以必须学识广博,否则,就是主观臆断,胡乱编造。

只有一毫粗疏处,便认理不真,所以说惟精。

不然,众论淆之而必疑。

只有一毫二三心,便守理不定,所以说惟一。

不然,利害临之而必变。

【译文】

在探索知识的过程中,只要有一点点的粗疏和漏洞,也就不能确切

学问类

地认识事理，因此只求精确。而对事理的认识必须准确、精当，否则众说纷纭，人们就无法分清是非。

在坚守真理的过程中，哪怕只有一点点的三心二意，便很难守住真理的阵地，所以要求守理也得用心专一。否则，面临利害的突然降临就会惊慌失措，甚至产生混乱，无法控制局势。

接人要和中有介^①，
处事要精中有果，
认理要正中有通。

【注释】
① 介：原则、节操。
【译文】
与人相处既要随和又要有自己的原则。处理事物要精明而果断，认识事理要正确而又灵活通变。

在古人之后，议古人之失则易；
处古人之位，为古人之事则难。

【译文】
生在古人之后，评论古人得失比较容易；处于古人的位置，做古人所做的事情就很困难。

古之学者，得一善言，附于其身；
今之学者，得一善言，务以悦人。

【译文】
古代的读书人，如果得到一句善言，就会记在心里并努力付诸自己的言行；现在的读书人，如果得到一句善言，就必然用来取悦别人。

古之君子,病^①其无能也,学之;
今之君子,耻其无能也,讳之。

【注释】

① 病:原指疾病。此处引申为忧虑,担心。

【译文】

古代的君子,担心被别人耻笑自己没有才能,于是学习更加努力;现在的君子,对自己的无能也感到羞耻,为了不让别人知道却尽力掩盖避讳。

眼界要阔,遍历名山大川;
度量要宏,熟读五经诸史。

【译文】

要想使眼界开阔,就得游遍天下的名山大川;要想具有恢宏的气度,就要熟读经史典籍。

先读经,后读史,则论事不谬于圣贤;
既读史,复读经,则观书不徒为章句。

【译文】

先读经书,后读史籍,那么说话论事就不会与圣贤的论点相悖;研读史籍,重读经书,那么就会知道读书不单单是为了寻章摘句。

读经传^①则根底厚,看史鉴则议论伟。
观云物则眼界宽,去嗜欲则胸怀净。

【注释】

① 经传:经指《尚书》《诗经》《易经》《礼记》《春秋》,号称五经,后

学问类

世为这些书做解释的书叫传。因经文深奥,义有难明,作传以阐明之。

【译文】

研读经传,学问就会根底深厚;熟读古代史籍,议论起事情就会有宏伟气度;观览山水自然景物,眼界就会开阔;抛开私欲嗜好,心胸就会纯净。

一庭之内,自有至乐;
六经①以外,别无奇书。

【注释】

① 六经:《诗》《书》《易》《乐》《礼》《春秋》,合称六经。

【译文】

在家里的庭院之中,自有最美妙的快乐;除了六经之外,没有其他可以读的好书。

读未见书,如得良友;
见已读书,如逢故人。

【译文】

读未曾读过的书,就好像结交了很好的新朋友;看看已经读过的书,就好像遇到老朋友。

何思何虑,居心当如止水;
勿住勿忘,为学当如流水。

【译文】

不必思考什么,不必忧虑什么,心境如静水般平静;不要停留,不要忘记,读书应该像奔流的水永不停息。

心不欲杂,杂则神荡而不收;

心不欲劳,劳则神疲而不入。

【译文】

心里不能杂乱,心里杂乱就会导致神情恍惚,无法静心学习;但也不能太劳累,太劳累就会心神疲惫,无法记住所学。

心慎杂欲,则有余灵^①;

目慎杂观,则有余明^②。

【注释】

① 余灵:此处"灵"指精神。余灵,精神没有用尽。

② 余明:此处"明"指目光。余明,目光眼力没有用尽,尚有余地。

【译文】

心里不要有私心杂念,那么精神就会更加充沛,内心更加清醒,做起事来灵活;观览自然,眼睛只有避开那些杂乱景象,才能更加敏锐,从而看清楚那些重要的本质的东西。

案上不可多书,心中不可少书。

鱼离水则鳞枯,心离书则神索。

【译文】

放在书案上的书不要太多,记在心中的书不能太少。鱼儿离开水,鱼鳞就会干枯;心中没有了书,人的精神就会无所寄托。

志之所趋,无远勿届,

穷山距海,不能限也。

志之所向,无坚不入,

锐兵精甲,不能御也。

【译文】

只要心中有远大的志向，再远的地方也是能够到达的，即使千仞高山、万里大海也不能阻隔。志向所要达到的地方，无坚不摧，即使精兵强将也不能阻挡。

把意念沉潜得下，何理不可得？
把志气奋发得起，何事不可做？

【译文】

只要心灵沉静下来，还有什么事理弄不明白？只要立志奋发，还有什么事情做不成功？

不虚心，便如以水沃石，一毫进入不得；
不开悟，便如胶柱鼓瑟①，一毫转动不得。

【注释】

①胶柱鼓瑟：比喻拘泥现成，不知变通的错误行为。柱，本是转动琴弦而调节音律的。如果弹琴的人先把弦柱用胶粘死，然后再来拨弦调音，这是不可能的。

【译文】

如果没有谦虚的态度，圣贤对他的教育，就像用水浇石头，一点也进不去；如果不用心去领悟，就像用胶粘住弦柱去鼓瑟，一点也不能转动。

不体认，便如电光照物，一毫把捉不得；
不躬行，便如水行得车，陆行得舟，一毫受用不得。

【译文】

只管读书，而对书中的道理不亲身去体验认识，就好像天上的闪电照亮万物，一照而过，什么也没有捕捉住；读书不去亲自实践，就像必须在水中前行而只有车,必须在陆地上行走而只有船,一点用处也没有。

读书贵能疑,疑乃可以启信;
读书在有渐,渐乃克底有成。

【译文】

读书的可贵之处在于产生疑问,有疑惑才可以引导人们对书中所说的道理加以信任;读书要循序渐进,才能坚持到底、有所成就。

看书求理,须令自家胸中点头;
与人谈理,须令人家胸中点头。

【译文】

读书要得到事理,首先必须自己信服;和别人谈论事理,必须让别人心里认可才对。

爱惜精神,留他日担当宇宙;
蹉跎岁月,问何时报答君亲?
戒浩饮,浩饮伤神。
戒贪色,贪色灭神。
戒厚味,厚味昏神。
戒饱食,饱食闷神。
戒多动,多动乱神。
戒多言,多言损神。
戒多忧,多忧郁神。
戒多思,多思挠神。
戒久睡,久睡倦神。
戒久读,久读苦神。

学问类

15

【译文】

珍惜爱护自己的精神,留待日后担当大任。浪费光阴、虚度年华,何时才能报答君主和父母的恩情?

戒酗酒,酗酒使精神受损。戒贪色,贪色容易腐蚀精神。戒美食,美食容易引起精神昏聩。戒饱食,过饱容易使精神沉郁。戒多动,多动容易使精神混乱。戒多言,多言容易使精神受到损害。戒多忧,多忧容易使精神郁结颓废。戒多思,思虑太多扰乱精神不能专一。戒久睡,久睡反而容易精神疲惫。戒久读,久读使精神过度劳苦。

存养类

性分①不可使不足,故其取数也宜多:曰穷理,曰尽性②,曰达天③,曰入神,曰致广大、极高明。

情欲不可使有余,故其取数也宜少:曰谨言,曰慎行,曰约己,曰清心,曰节饮食、寡嗜欲。

【注释】

① 性分:天性。

② 穷理、尽性:把事物的道理和人的本性推究至尽,研究清楚。

③ 达天:通晓自然规律。达,即"通"。

【译文】

对人的天性素质应该充分培养,千万不能不足,因此有关的概念、方法也多。如推究事物的道理,探究人的本性,通晓自然规律,进入神妙境界,达到博大胸怀以及极其高洁品德的程度。

对人的情感欲望不能太多,因此除用减少这种办法外,其他方法也比较少。如谨言,慎行,克己,清心,节制饮食、减少嗜好等。

大其心,容天下之物;
虚其心,受天下之善;
平其心,论天下之事;
潜其心,观天下之理;
定其心,应天下之变。

【译文】

心胸开阔就能容纳天下万事万物,虚心就能听进天下批评和好的建

17

议,内心公正就能讨论、评判天下事物,心情沉静、平和就能观察天下事理,内心安定就能适应和应对自然和社会的变化。

> 清明以养吾之神,湛一以养吾之虑,
> 沉警以养吾之识,刚大以养吾之气,
> 果断以养吾之才,凝重以养吾之度,
> 宽裕以养吾之量,严冷以养吾之操。

【译文】

虚静明白可以培养自己的心灵,精湛专一可以培养自己的思虑,沉着敏捷可以培养自己的胆识,刚毅宏大可以培养自己的志气,坚决果断可以培养自己的才能,稳健庄重可以培养自己的风度,宽容和豁达可以培养自己的胸襟,苛严与不苟可以培养自己的节操。

> 自家有好处,要掩藏几分,
> 这是涵育以养深;
> 别人不好处,要掩藏几分,
> 这是浑厚以养大。

【译文】

自己的优点,不要到处宣扬,这是培养自己深沉的涵养和品格所需要的。别人的缺点,要掩藏几分,这是培养自己宽宏的器量、宽容的胸怀不可缺少的。

> 以虚养心,以德养身;以仁养天下万物,以道养天下万世。

【译文】

用谦虚来养心,用道德来养身;用仁爱对待天下万物,遵道统来治理国家以致万代。

涵养冲虚 ^①,便是身世学问;
省除烦恼,何等心性安和。

【注释】

① 冲虚:冲淡虚静,无所拘系。

【译文】

涵养虚心,便是一生用之不尽的学问。去除烦恼,内心是多么安宁平和。

颜子四勿 ^①,要收入来;
闲存 ^② 工夫,制外以养中也。
孟子四端 ^③,要扩充去;
格致 ^④ 工夫,推近以暨远也。

【注释】

① 四勿:指《论语·颜渊》中的:"非礼勿视,非礼勿听,非礼勿言,非礼勿动。"

② 闲存:闲静存神。

③ 四端:儒家称人的四种德性。

④ 格致:格物致知。《礼记·大学》:"致知在格物。"朱熹解释格物为穷至事物之理。

【译文】

要把颜渊的"四勿"牢记在心;闲静存神的功夫,就是克制外界的诱惑以修身养性。孟子的"四端",应该尽力扩充;格物致知的功夫就是先从自己做起并影响他人。

喜怒哀乐而曰未发,是从人心直溯道心 ^①,要他存养 ^②;
未发而曰喜怒哀乐,是从道心指出人心,要他省察。

存养类

19

① 道心：义理之心，即合于正义、天理之心，亦即人心的理性化。

② 存养：存心养性。

【译文】

喜怒哀乐没有表现出来，这是从人欲到天理，要他存心养性，将人欲绳之以天理，合则存之，不合则反省改正；没有表现的喜怒哀乐是人欲，这是从天理到人欲，要人们每日反省自察，合则存之，不合则省改正。

存养宜冲粹①，近春温；
省察宜谨严，近秋肃。

【注释】

① 冲粹：虚静纯洁。

【译文】

保存本心，培养善性应当虚静纯洁，像春天般舒缓温和；反省自察应当谨慎严厉，像秋天般冷峻严肃。

就性情上理会，则曰涵养。
就念虑上提撕，则曰省察。
就气质上销熔，则曰克治。

【译文】

从性情角度去领悟叫作涵养，从每个念头注意的提醒叫作省察，从气质上去融汇叫作克治。

一动于欲，欲迷则昏；
一任乎气，气偏则戾①。

① 戾：乖戾，违背情理。

【译文】

如果一个人的行动是由于私欲引起，那么这个人的言行就会混乱昏庸；如果一个人意气用事，就会因看法偏激而违背情理。

人心如谷种，满腔都是生意，物欲锢之而滞矣。然而生意未尝不在也，疏之而已耳。

人心如明镜，全体浑是光明，习染薰之而暗矣。然而明体未尝不存也，拭之而已耳。

【译文】

人心就像谷种一样，满腔都是生机。只因物欲禁锢了它，使它不会萌芽、生长，但是生机依然存在，只要及时疏通就能很快激活它的生命力。

人心就像明亮的镜子那样，每一个地方都会发光。只是由于俗世的尘土落在了上面，日积月累使它逐渐变暗，但是发光的本性依然存在，只要擦拭尘土，它仍然会变得明亮的。

果决人似忙，心中常有余闲；
因循人似闲，心中常有余忙。

【译文】

果断的人处事快捷，表面上看似乎很忙，但心中因常有清闲而感到泰然舒适；因循的人办事拖沓，表面上看似乎清闲，但心中却如一团乱麻，忙乱不堪。

寡欲故静，有主则虚。

存养类

21

欲望少所以能内心平静;有主见所以能内心谦虚。

　　无欲之谓圣,寡欲之谓贤,
　　多欲之谓凡,徇欲之谓狂。

【译文】

　　没有欲念的人叫作圣人,欲念极少的人叫作贤人,欲念多的人叫作凡人,放纵欲念的人叫作狂人。

　　人之心胸,多欲则窄,寡欲则宽。
　　人之心境,多欲则忙,寡欲则闲。
　　人之心术,多欲则险,寡欲则平。
　　人之心事,多欲则忧,寡欲则乐。
　　人之心气,多欲则馁,寡欲则刚。

【译文】

　　人的心胸,欲念多就狭窄,欲念少就宽广。人的心境,欲念多就忙碌,欲念少则悠闲。人的心术,欲念多就险恶,欲念少就平和。人的心事,欲念多就忧愁,欲念少则快乐。人的心气,欲念多则软弱,欲念少则刚强。

　　宜静默,宜从容,宜谨严,宜俭约,四者切己良箴。
　　忌多欲,忌妄动,忌坐驰①,忌旁骛,四者切己大病。
　　常操常存,得一恒字诀;
　　勿忘勿助,得一渐字诀。

【注释】

① 坐驰:身不动而心驰骛于外。

人应该做到安静、少说话、遇事从容不迫,对人谨慎庄严,生活俭朴,这些是与自己关系密切的箴言,应该铭记。

忌讳多欲、盲动、心不专一、心有旁骛,这些是与自己关系密切的毛病,应该及时改过。

要经常遵循的切身箴言,秘诀在于持之以恒。时时提醒不要助长切身的毛病,秘诀在于循序渐进。

敬守此心,则心定;敛抑其气,则气平。

【译文】

谨慎持守这善良的心,则内心安定;收敛抑制那浮躁之气,则心气平和。

人性中不可缺一物,
人性上不可添一物。

【译文】

在人性的涵养中有一物不可缺少,即为善;一物不能多添,即私欲。

君子之心不胜其小,而气量涵盖一世;
小人之心不胜其大,而志意拘守一隅。

【译文】

君子心无杂欲,光明磊落,气量可以涵盖整个世界;小人心多私欲,阴险狡诈,志意只能拘泥一角。

怒是猛虎,欲是深渊。

存养类

23

【译文】

愤怒如猛虎，伤及别人；欲念如深渊，难以填满。

忿如火，不遏则燎原；
欲如水，不遏则滔天。

【译文】

愤怒如同火焰，不阻止就会烧遍原野；欲望如同洪水，不阻止就会吞没大地。

惩忿如摧山，窒欲如填壑。
惩忿如救火，窒欲如防水。

【译文】

控制愤怒的情绪应有摧毁大山一样的毅力，消除欲念应有如填平深渊一样的志气。控制愤怒的情绪要像救火一样迅疾，消除欲念要像防洪一样果断。

心一松散，万事不可收拾。
心一疏忽，万事不入耳目。
心一执著，万事不得自然。

【译文】

用心松散，凡事都难办成；用心粗疏，凡事不能专心；用心固执，凡事都看不清它们自身发展的内在原因。

一念疏忽，是错起头；
一念决裂，是错到底。

【译文】

一个念头没有想好便成为错误的开始；一个念头不能善始善终，不去认真纠正过失，便会一错到底。

古之学者，在心上做工夫，
故发之容貌，则为盛德之符；
今之学者，在容貌上做工夫，
故反之于心，则为实德之病。

【译文】

古代的学者在内心涵养方面下功夫，所以表现在言行举止上则是德高望重的标志；今天的学者只在外表上下功夫，不以内心涵养为本，结果他的实际德行显出明显的缺陷和毛病。

只是心不放肆，便无过差；
只是心不怠忽，便无逸志。

【译文】

只要内心上不放纵欲念，不胡思乱想，行动上就不会出现差错；只要内心不怠情疏忽，不粗心大意，行动上就不会最易放纵、背弃天理。

处逆境心，须用开拓法；
处顺境心，要用收敛法。

【译文】

身处逆境的时候，应该开拓心境，磨炼意志；身处顺境的时候，应该言行收敛，以便严于律己，以免因放纵而铸成更大的过失。

世路 ① 风霜，吾人炼心之境也。

世情^② 冷暖,吾人忍性之地也。

世事^③ 颠倒,吾人修行之资也。

【注释】

① 世路:人生之路。

② 世情:世态人情。

③ 世事:当时的事情。

【译文】

人生之路有寒风秋霜,可以锻炼人的意志;世上的人情冷暖,可以培养人的忍性和耐心;世事的是非颠倒,可以作为人们修身实践的凭借。

青天白日的节义,自暗室屋漏^① 中培来;

旋乾转坤的经纶^②,自临深履薄^③ 处得力。

【注释】

① 暗室屋漏:古代称房屋的西北角为屋漏,是安敬神主人所不见之处。《诗经·大雅·抑》:"相在尔室,尚不愧于屋漏。"所谓不愧屋漏,犹言不愧暗室,都是指人独处时依然光明正大的品质。

② 经纶:理丝绪叫经,编丝成绳为纶。此处意为治理国家,谋划大事。

③ 临深履薄:指人的一生会遇到很多危险和灾难,每走一步,都要小心谨慎。

【译文】

光明磊落的节操和义气,是从独处暗室,不为人知的地方修身历练而培养出来的;治理国家的韬略才能,是从如临深渊、如履薄冰的险境中锻炼出来的。

名誉自屈辱中彰,德量自隐忍中大。

格言联璧

【译文】

名望声誉在屈辱中得以彰显,德行和度量在痛苦的隐忍中得到提升。

谦退是保身第一法,安详是处事第一法,
涵容是待人第一法,洒脱是养心第一法。

【译文】

谦恭退让是保护自身的首要方法,安静平和、从容不迫是处理事务的首要方法,涵养容忍别人是待人接物的首要方法,洒脱不拘是培养心性的首要方法。

喜来时,一检点。怒来时,一检点。
怠惰时,一检点。放肆时,一检点。

【译文】

高兴时、发怒时、怠惰时、放肆时,检点一下。

自处超然①,处人蔼然②。
无事澄然③,有事斩然。
得意淡然,失意泰然④。

【注释】

① 超然:超脱的样子。
② 蔼然:和蔼可亲的样子。
③ 澄然:沉静的样子。澄,止水。
④ 泰然:安稳的样子。

【译文】

独处时,要超脱;与人共处时,要和蔼可亲。无事时,要沉着冷静;有

存养类

事时,要果断。得意时,要淡泊宁静;失意时,要泰然处之。

　　静能制动,沉能制浮。
　　宽能制褊①,缓能制急。

【注释】

① 褊:气量狭小。

【译文】

　　静心能克制躁动,沉稳能克制虚浮,宽容能克制狭隘,舒缓能克制偏激。

　　天地间真滋味,惟静者能尝得出;
　　天地间真机括,惟静者能看得透。

【译文】

　　天地间万事万物的本质,只有心静的人才能够品尝出来;天地间万事万物真正的奥秘,只有心静的人才能够体验出来。

　　有才而性缓,定属大才;
　　有智而气和,斯为大智。

【译文】

　　有才华而性情和缓稳重的人,一定是有大才能;有智慧而心气平和的人,则是有大智慧。

　　气忌盛,心忌满,才忌露。

【译文】

　　脾气切忌盛怒,心性切忌自满,才能切忌太过外露。

有作用者,器宇定是不凡;
有智慧者,才情决然不露。

【译文】

有作为的人,他一定仪表不平凡,风度与众不同;有智慧的人,他的
才能不会轻易显露。

意粗性躁,一事无成。
心平气和,千祥骈集。

【译文】

性情急躁、粗心大意,将会一事无成;而为人心平气和,做事不慌不
忙的人,将会万事顺遂,好运连连。

世俗烦恼处,要耐得下。
世事纷扰处,要闲得下。
胸怀牵缠处,要割得下。
境地浓艳处,要淡得下。
意气忿怒处,要降得下。

【译文】

遇到世俗烦恼时,要忍耐得住;遇到杂事纷扰时,要安闲得住;胸中
有所牵挂时,要能抛得开;遇到功名利禄时,应能淡然处之;心怀愤怒时,
应能沉得住气。

以和气迎人,则乖沴^①灭。
以正气接物,则妖氛消。
以浩气临事,则疑畏释。
以静气养身,则梦寐恬。

存养类

29

【注释】

① 沴(lì)：灾难、祸害。

【译文】

和气待人，则灾难和祸害就会很快排除。以公正之气对待事物，妖氛邪气就会自然消失。以浩然之气处理事情，就能消除心中疑惧。若能以静气休养身心，那么做梦也会甜美。

观操存，在利害时；观精力，在饥疲时；
观度量，在喜怒时；观镇定，在震惊时。

【译文】

观察一个人的操守，在其遇到利害得失的时候；观察一个人的精力，在其处于饥饿疲劳的时候；观察一个人的度量，在其喜怒哀乐的时候；观察一个人沉着与否，在其突然面对事变猛然感到震惊的时候。

大事难事看担当，逆境顺境看襟度。
临喜临怒看涵养，群行群止看识见。

【译文】

面临大事难事，可以看出一个人的责任心与度量；处逆境顺境，可以看出一个人的胸襟气度。遇喜事怒事，可以看出一个人涵养的深浅；从他同众人的相处，可以看出这个人见识的高低。

轻当矫之以重，浮当矫之以实，褊当矫之以宽，执当矫之以圆，傲当矫之以谦，肆当矫之以谨，奢当矫之以俭，忍当矫之以慈，贪当矫之以廉，私当矫之以公，放言①当矫之以缄默，好动当矫之以镇静，粗率当矫之以细密，躁急当矫之以和缓，怠惰当矫之以精勤，刚暴当矫之以温柔，浅露当矫之以沉潜，溪刻②当矫之以浑厚。

① 放言：放肆其言，不拘节制。即放纵谈论。

② 溪刻：有的写作犀刻。即言辞刻薄或苛刻。

【译文】

轻佻应当用稳重加以矫正；浮躁应当用踏实加以矫正；褊狭应当用宽大加以矫正；固执应当用圆融加以矫正；傲慢应当用谦虚加以矫正；放纵应当用恭谨加以矫正；奢侈应当用节俭加以矫正；残忍应当用慈悲加以矫正；贪婪应当用廉洁加以矫正；自私应当用公正加以矫正；多话应当用缄默加以矫正；好动应当用镇静加以矫正；草率应当用细密加以矫正；急躁应当用和缓加以矫正；懒惰应当用精明勤奋加以矫正；刚强暴戾应当用温和柔顺加以矫正；浅露应当用沉稳加以矫正；刻薄应当用宽厚加以矫正。

持躬类

聪明睿知，守之以愚。
功被天下，守之以让。
勇力振世，守之以怯。
富有四海，守之以谦。

【译文】

聪明睿智的人，应该用敦厚拙朴的方法进行保持；功劳盖世的人，应该用谦虚礼让的方法进行保持；勇猛无敌的人，应该用小心谨慎的方法进行保持；富甲天下的人，据有四海，应该用谦虚的方法进行保持。

不与居积人争富，不与进取人争贵，
不与矜饰人争名，不与少年人争英俊，
不与盛气人争是非。

【译文】

不和囤积居奇的投机商人比富，不与汲汲功名的人争贵，不和矜夸作假的人争名，不和年轻少年争比仪容风度俊陋，不和争强好胜的人争是非。

富贵，怨之府也。才能，身之灾也。
声名，谤之媒也。欢乐，悲之渐也。

【译文】

富贵是聚集怨恨的地方，才能常常就是招致灾难的根由，名声往往是引来诽谤的媒介,欢乐是走向悲哀的开始。

　　浓于声色,生虚怯病。
　　浓于货利,生贪饕①病。
　　浓于功业,生造作病。
　　浓于名誉,生矫激②病。

【注释】

　　① 贪饕:贪狠。饕,饕餮(tāo tiè),乃是一种凶猛的野兽,后用以比喻贪婪凶狠的人。

　　② 矫激:矫情、偏激。

【译文】

　　过度迷恋歌舞女色,容易生出虚怯的毛病。过于追逐钱财利益,容易生出贪狠的毛病。过于热衷功名事业,容易生出弄虚作假、装腔作势的造作病。过度追求声誉名望,容易生出有违常情、言行偏激的毛病。

　　想自己身心,到后日置之何处;
　　顾本来面目,在古人像个甚人。

【译文】

　　考虑一下自己的内心,去世后究竟将被后人安放在何种位置。省察自己的为人,看看和历史上的哪个人物相像。

　　莫轻视此身,三才①在此六尺②;
　　莫轻视此生,千古③在此一日。

【注释】

　　① 三才:指天、地、人。《易·说卦》中说:"是以立天之道,曰阴阳;立地之道,曰柔与刚;立人之道,曰仁与义。兼三才而两之,故《易》六画

持躬类

33

而成卦。"

② 六尺：指人的身体。

③ 千古：指人的一生功业。

【译文】

不要看不起自己，因为天、地、人三才全部蕴藏在六尺躯体之中。不要轻视自己的短暂一生，因为彪炳千古功业的建立，就包含在这每一天之中。

醉酒饱肉，浪笑恣谈，却不错过了一日？

妄动胡言，昧理纵欲，讵不作孽了一日？

【译文】

酩酊大醉，饱食终日，玩笑嬉戏，闲聊取乐，莫不是白白浪费了每一天？胡作非为，胡言乱语，不讲道路，恣情纵欲，岂不是造孽了每一天？

不让 ① 古人，是谓有志；

不让今人，是谓无量。

【注释】

① 让：谦让，辞让，退让。《襄公十三年》："让，礼之主也。"

【译文】

敢于在古人成就面前一争高低，这叫有志气；而不谦让当代人，这叫没有度量。

一能胜千，君子不可无此小心；

吾何畏彼 ①，丈夫不可无此大志。

【注释】

① 吾何畏彼：语出《孟子·滕文公》："彼丈夫也，吾丈夫也，吾何畏

彼哉？"意为："我为什么要畏惧他？"

【译文】

一个人能战胜上千人，君子不能没有这样的戒心；我何必惧怕他，男子汉不能没有这样的志气。

怪小人之颠倒豪杰，

不知惟颠倒方为小人；

惜君子之受世折磨，

不知惟折磨乃见君子。

【译文】

责怪小人颠倒混淆了豪杰，但是却不知正因为他的颠倒混淆才成为了小人。可怜天下君子一般都经过患难折磨，却不知只有经受了折磨的人才能成为君子。

经一番挫折，长一番识见。

容一番横逆，增一番器度。

省一分经营，多一分道义。

学一分退让，讨一分便宜。

去一分奢侈，少一分罪过。

加一分体贴，知一分物情。

【译文】

经历一次挫折，增长一分见识；宽容一分横逆，增加一分气量；减少一分营私，增多一分道义；学会一分退让，多得一分便宜；减去一分奢侈，减少一分罪过；对别人多一分体贴，就多懂得一些事理。

不自重者取辱，不自畏者招祸，

不自满者受益，不自是者博闻。

【译文】

不自爱自重的人，往往自取其辱；不知道有所畏惧的人，往往会招来灾祸；从不自我满足、保持谦虚的人，往往能得到好处；勤于学习，不自以为是的人不仅学识广博，而且也有丰富见识。

有真才者，必不矜才；

有实学者，必不夸学。

【译文】

有真正才能的人，必然不会恃才傲物；有实实在在学问的人，必然不会对别人炫耀夸饰。

盖世功劳，当不得一个矜字；

弥天罪恶，最难得一个悔字。

【译文】

即使有盖世功劳，也不能居功自傲；尽管有弥天大罪，若能够真心悔改就能挽救。

诿罪掠功，此小人事。

掩罪夸功，此众人事。

让美归功，此君子事。

分怨共过，此盛德事。

【译文】

把过错推给别人，把功劳归于自己，是小人所做的事。掩饰过错，炫耀功绩，这是普通人所做的事。把好事和功劳归功于他人，这是品德高尚的君子所做的事。与他人共同承担怨恨过失，这是大有才德之人所做的事。

毋毁众人之名，以成一己之善；
毋没天下之理，以护一己之过。

【译文】

不能用诋毁众人名誉的办法，只为了把天下的善事都转移到自己身上；不能因为袒护自己的过失而辱没天下公理。

大著肚皮容物，立定脚跟做人。
实处著脚，稳处下手。

【译文】

心胸宽阔，气量要宽大，做人要把脚跟站稳。为人要在踏实的地方站稳脚跟，在稳当的地方着手办事。

读书有四个字最要紧，曰"阙疑好问"[①]；
做人有四个字最要紧，曰"务实耐久"[②]。

【注释】

① 阙疑好问：指读书治学中对疑难问题采取缺如存疑好问的态度。
② 务实耐久：踏踏实实、持之以恒。

【译文】

读书有四个字最重要："阙疑好问"；做人也有四个字最重要："务实耐久"。

事当快意处须转，言到快意时须住。

【译文】

做事应在顺利的时候，想到有不顺利的可能，以防乐极生悲的现象发生。说话说到得意忘形的时候，应该及时停住，以防言多有失。

持躬类

物忌全胜，事忌全美，人忌全盛。

【译文】

天地万物忌讳茂盛到极点，事情忌讳完美无缺，个人忌讳十全十美。

尽前行者地步窄，向后看者眼界宽。

【译文】

不知拐弯一味前行的人，前面的道路反而会越来越窄；常常向后看的人眼界会越来越宽。

留有余不尽之巧，以还造化。
留有余不尽之禄，以还朝廷。
留有余不尽之财，以还百姓。
留有余不尽之福，以贻子孙。

【译文】

把一些暂时不用的技艺，还给大自然；把一些花不完的俸禄，重新还给朝廷；把一些用不完的钱财，还给百姓；把一些一时享用不尽的福泽，留给子孙。

四海和平之福，只是随缘；
一生牵惹之劳，总因好事。

【译文】

天下和平安定的幸福，只能随缘。一生牵挂劳累，总是因为好管事。

花繁柳密处拨得开，方见手段；
风狂雨骤时立得定，才是脚跟。

【译文】

在复杂的环境中，面对各种诱惑而能找到一条路抽身而出的，才是手段高明之举；面对狂风骤雨的环境，艰难坎坷而能站得稳、挺得住，这才是立场坚定。

步步占先者，必有人以挤之；
事事争胜者，必有人以挫之。

【译文】

任何事都要抢先一步的人，后面必定有人排挤他；任何事都要争胜的人，必然有人等着挫败他。

能改过，则天地不怒；
能安分，则鬼神无权。

【译文】

做了错事，只要能改过自新，那么天地都不会有怒气；生活只要安分守己，那么鬼神对他也无权施威。

言行拟之古人，则德进。
功名付之天命，则心闲。
报应念及子孙，则事平。
受享虑及疾病，则用俭。

【译文】

言行效法古代圣贤，那么品德就会日益长进。把功名利禄交由天命，那么心神自然就会安闲。如果想到因果报应会殃及子孙，那么做事就会公正。担心过度享乐会引来疾病，那么日常生活就会俭朴节省。

持躬类

安莫安于知足,危莫危于多言。

贵莫贵于无求,贱莫贱于多欲。

乐莫乐于好善,苦莫苦于多贪。

长莫长于博谋,短莫短于自恃。

明莫明于体物,暗莫暗于昧几。

【译文】

知足常乐能够使人快乐而又安定,多言往往使人遭遇意想不到的危险。清心寡欲、无欲无求是人间最大的富贵,为人没有比私欲太多、见什么想要什么更卑贱的了。人生最大的快乐是乐善好施,人生最大的痛苦是贪心不能满足。一个人最大的长处是善于听取他人意见,一个人最大的短处是自恃聪明,实际上对人情世故一无所知。人想明白事理莫过于体察万物,一个人的最大愚暗莫过于昧掉良心、受人蒙蔽。

能知足者,天不能贫。

能忍辱者,天不能祸。

能无求者,天不能贱。

能外形骸者,天不能病。

能不贪生者,天不能死。

能随遇而安者,天不能困。

能造就人材者,天不能孤。

能以身任天下后世者,天不能绝。

【译文】

能够知足的人,上天也不会使他陷于贫穷。有忍受屈辱的宽阔胸怀,上天也不愿让他遭遇灾祸。对于心中无欲无求的人,上天也不忍让他沦于卑贱。能够放浪形骸之外的人,上天也不会让他生病。对于不贪生怕死的人,上天也不愿意让他死去。对于能随遇而安的人,上天也不愿意让他坎坷困顿。对于能造就人才的人,上天也不会忍心让他孤独无所依靠。对于能肩负大任造福后世的人,上天也不会让他灭绝。

　　天薄我以福,吾厚吾德以迓^①之。
　　天劳我以形,吾逸吾心以补之。
　　天危我以遇,吾享吾道以通之。
　　天苦我以境,吾乐吾神以畅之。

【注释】
　　① 迓(yà):迎接、迎迓。《尚书·盘庚中》:"予迓续乃命于天。"《洛诰》:"旁作穆穆迓衡。"注为"言迎治平也"。

【译文】
　　上天赐给我的福泽很少,我用努力修养品德来弥补;上天使我身体劳苦,我用放松心灵的办法减轻或者予以转移;上天让我在际遇中遭受危难,我用修身养性来使心境顺畅;上天使我的生活境况困苦,我就设法寻求精神快乐从而让心境舒适。

　　吉凶祸福,是天主张。
　　毁誉予夺,是人主张。
　　立身行己,是我主张。

【译文】
　　人所遭遇的吉凶祸福,是由上天主宰的;个人的是非得失,是由他人掌握的;个人的道德和行为,则是取决于自己。

　　要得富贵福泽,天主张,由不得我;
　　要做贤人君子,我主张,由不得天。

【译文】
　　要想享富贵、得福泽,上天已经安排好了,由不得我个人做主;要想做圣贤君子,这事由我自己做主,而不是上天的意志。

　　富以能施为德,贫以无求为德;
　　贵以下人为德,贱以忘势为德。

【译文】

　　人若富裕,应以施与为美德;人处贫贱,应以无所欲求为美德。地位高贵,应礼贤下士,以尊重地位卑贱的人为美德;地位卑贱,应以不趋炎附势为美德。

　　护体面,不如重廉耻。
　　求医药,不如养性情。
　　立党羽,不如昭信义。
　　作威福,不如笃至诚。
　　多言说,不如慎隐微。
　　博声名,不如正心术。
　　恣豪华,不如乐名教。
　　广田宅,不如教义方[①]。

【注释】

　　① 义方:法度和义理,指做人的正道。

【译文】

　　做人注重面子,不如注重廉耻。求医问药,不如颐养性情。结党私营,不如昭示信义。作威作福,不如笃厚至诚。多言好说,不如谨言慎行。博取名声,不如自己心术端正。纵情于骄奢淫逸,不如沉浸于修炼名教之乐。广置田宅,不如把法度义理教给子民。

　　行己恭,责躬厚,接众和,立心正,进道勇,择友以求益,改过以全身。

自己行为举止谦恭,待人亲切厚道,与人和睦相处,思想品行端正,勇于学习圣贤之道,选择朋友注意择取以对自己有益为标准,改掉过错以达到使自己性格更加完美的目的。

> 敬为千圣授受真源,
> 慎乃百年提撕^①紧钥。

【注释】

① 提撕:提醒,警诫。

【译文】

待人恭敬乃是圣贤们传授的处事准则,处事谨慎乃是百年警诫自身的箴言。

> 度量如海涵春育,应接如流水行云,
> 操存如青天白日,威仪如丹凤祥麟,
> 言论如敲金戛石,持身如玉洁冰清,
> 襟抱如光风霁月,气概如乔岳泰山。

【译文】

一个人的度量应该像大海一样宽广,应该像春天孕育万物无处不及;待人接物应该像行云流水那样顺畅快捷;情操应该像青天白日那样洁净;威仪应该像丹凤和麒麟那样吉祥;说话应该像敲金击石那样铿锵有力;持身应该像玉石那样纯洁,像冰块那样清澈;胸襟应该像风光霁月那样坦荡;气概应该像东岳泰山那样崇高屹立。

> 海阔从鱼跃,天空任鸟飞,
> 非大丈夫不能如此度量。
> 振衣千仞冈,濯足万里流,

持躬类

非大丈夫不能有此气节。

珍藏泽自媚,玉韫山含辉,

非大丈夫不能有此蕴藉。

月到梧桐上,风来杨柳边,

非大丈夫不能有此襟怀。

【译文】

大海辽阔任凭鱼儿游水跳跃,天空辽阔任凭鸟儿纵横飞翔,大丈夫才有如此宽宏的度量。在千仞高的山冈上抖衣,在万里长流中洗脚,只有大丈夫才能有如此宏大的气节。水泽藏有珍珠才会显得如此妩媚,山岳埋有宝石才会放出光辉,这种蕴含不是大丈夫是不会有的。如月亮照在梧桐树上,春风徐徐来到杨柳树边,只有大丈夫才会有如此的胸襟。

处草野之日,不可将此身看得小;

居廊庙之日,不可将此身看得大。

【译文】

身处草野失意时,不能自轻自贱;身处庙堂得意时,不能自高自大。

只一个俗念头,错做了一生人;

只一双俗眼目,错认了一生人。

【译文】

只是因为用一个庸俗的念头,一生错做人。只是因为用一双庸俗的眼睛看人,一生看错人。

心不妄念,身不妄动,口不妄言,君子所以存诚。

内不欺己,外不欺人,上不欺天,君子所以慎独。

不愧父母,不愧兄弟,不愧妻子,君子所以宜家。

不负天子,不负生民,不负所学,君子所以用世。

【译文】

心里不贪念过多,行为不轻举妄动,口中不胡言乱语,所以君子的一切皆存诚信。内心不自欺,对外不欺人,对上不欺骗老天,所以君子独处时能够谨慎不苟。不愧对父母,不愧对兄弟,不愧对妻儿,所以君子治理家庭、无愧家庭。上不辜负国家重任,下不辜负百姓寄托,而且不辜负自己所学,所以君子能够承担得起社会责任。

以性分言,无论父子兄弟,即天地万物,皆一体耳!
何物非我?于此信得及,则心体廓然矣。
以外物言,无论功名富贵,即四肢百骸,亦躯壳耳!
何物是我?于此信得及,则世味淡然矣。

【译文】

就天性而言,无论父子兄弟,还是天地万物都是同一体的!什么物体与我相异?我与天地万物有什么不同?只要能达到这样的认识,他的心胸就会开阔许多了。就外在而言,无论功名富贵,还是四肢躯壳,也不过是躯壳而已!什么东西属于我?只要能够认识到这一真谛,那么他处理事情时就会做到泰然自若了。

有补于天地曰功,有关于世教曰名,有学问曰富,有廉耻曰贵,是谓功名富贵。无为曰道,无欲曰德,无习于鄙陋曰文,无近于暧昧曰章,是谓道德文章。

【译文】

做对天地万物有所补益的事叫作功;有关于世道的说教叫作名;有学问有知识的人叫作富;懂得廉耻的人叫作贵,这就叫功名富贵。无为无不为叫作道;没有欲望叫作德;没有习惯性的恶俗叫作文;有原则不暧昧,态度明朗叫作章,这就是道德文章。

困辱非忧,取困辱为忧;
荣利非乐,忘荣利为乐。

【译文】

一个人处境艰难被困受辱不值得忧虑,值得忧虑的倒是自取困辱的行为;一个人得到荣誉和利益并不快乐,真正的快乐倒是把一切荣誉和利益忘得一干二净。

热闹华荣之境,一过辄生凄凉;
清真冷淡之为,历久愈有意味。

【译文】

热闹繁华的时光一过,往往使人产生凄凉悲哀的感觉;淡泊脱俗的行为,经过的时间越久越有滋味。

心志要苦,意趣要乐,
气度要宏,言动要谨。

【译文】

君子的心志要经历困苦磨难,意趣应当乐观,气度应该宏大,言行必须谨慎。

心术以光明笃实为第一,
容貌以正大老成为第一,
言语以简重真切为第一。

【译文】

心理要以光明坦诚笃厚诚实为第一；仪容要以正直老练成熟稳重为第一；说话要以简洁明白真诚亲切为第一。

勿吐无益身心之语，
勿为无益身心之事，
勿近无益身心之人，
勿入无益身心之境，
勿展无益身心之书。

【译文】

不利于身心的话不说，不利于身心的事不做，不利于身心的朋友不交，不利于身心的场所不去，不利于身心的书不读。

此生不学一可惜，
此日闲过二可惜，
此身一败三可惜。

【译文】

一生没有好好地学习，这是第一件可惜的事；无所事事虚度一天，乃是第二件可惜之事；终生一败涂地，没有做成一件有意义的事，这是第三件可惜之事。

君子胸中所常体，不是人情是天理。
君子口中所常道，不是人伦是世教。
君子身中所常行，不是规矩是准绳。

【译文】

君子心中常常体验到的，不是人情冷暖而是道德法则；君子口中经常说的,不是人伦秩序而是世间教化;君子身体力行的,不是法律规章制度而是道德行为准则。

　　休诿罪于气化,一切责之人事;
　　休过望于世间,一切求之我身。

【译文】

　　不要把过错推诿于运气,一切责任都应该从自己身上寻求;不要对世人觉悟抱有过高的奢望,一切都靠自身的努力。

　　自责之外,无胜人之术;
　　自强之外,无上人之术。

【译文】

　　除了严于自责自律之外,没有什么可以胜过别人的办法;除了自强不息加倍努力之外,没有什么能够超越别人的好办法。

　　书有未曾经我读,事无不可对人言。

【译文】

　　君子只有未曾阅读过的书籍,但没有不能告诉别人的事。

　　闺门之事可传,而后知君子之家法矣;
　　近习之人起敬,而后知君子之身法矣。

【译文】

　　家中的事情没有不可以外传的,由此可以知道君子治家的严谨与其家规的完备和美善;亲近的人对他肃然起敬,由此可以知道君子的言行是人们效法的榜样。

门内罕闻嬉笑怒骂,其家范可知;
座右遍书名论格言,其志趣可想。

【译文】

门内听不到嬉笑怒骂声,由此可知这一家家规的严谨;从书桌上写满座右铭或者格言,由此可知这个人的高雅志趣。

慎言动于妻子仆隶之间,
检身心于食息起居之际。

【译文】

君子的言谈举止,即使在妻子儿女随从仆隶之间也应该谨慎;君子的思想和行为,即使在饮食起居方面也应该检点。

语言间尽可积德,妻子间亦是修身。

【译文】

平时与人谈话时,也可以积累德行;平日与妻子儿女怎样相处,也是修身养性。

昼验之妻子,以观其行之笃与否也;
夜考之梦寐,以卜其志之定与否也。

【译文】

白天,通过他的妻室儿女,来验证他的行为是否笃实真诚;夜晚,通过睡梦,来观察自己的志向是否远大坚定。

欲理会七尺^①,先理会方寸;
欲理会六合^②,先理会一腔。

持躬类

49

【注释】

① 七尺：指人的身体。

② 六合：指天、地、东、西、南、北六个空间涵盖了整个宇宙。

【译文】

想了解一个人，得先理解他的内心；想纵观天下，必须先了解自身。

世人以七尺为性命，

君子以性命为七尺。

【译文】

世俗之人把自己的七尺身躯作为性命，而君子则把万物的性命作为自己的性命。

气象要高旷，不可疏狂。

心思要缜密，不可琐屑。

趣味要冲淡，不可枯寂。

操守要严明，不可激烈。

【译文】

气度要高远宽宏，但不能疏忽狂妄；用心要缜密，但不能变得琐碎；趣味要淡雅，但不能枯燥无味；节操要严谨明白，但不能过于激烈。

聪明者，戒太察，

刚强者，戒太暴，

温良者，戒无断。

【译文】

聪明的人，切忌对待别人太过苛细；刚强的人，切忌性情过于粗暴；温和善良的人，遇事不可优柔寡断。

格言
联璧

勿施小惠伤大体,毋借公道遂私情。

以情恕人,以理律己。

【译文】

不要因施小恩小惠伤害大体,不要假公济私以满足自己。宽恕别人依据感情,约束自己依据事理。

以恕己之心恕人,则全交;

以责人之心责己,则寡过。

【译文】

用宽恕自己的心去宽恕别人,那么朋友就会越来越多;以责备他人之心来责备自己,就会很少出现错误与过失。

力有所不能,圣人不以无可奈何者责人;

心有所当尽,圣人不以无可奈何者自诿。

【译文】

用尽所有力量而没有把事做成,圣人不会责备无可奈何之人;该尽的心完全尽到而没有把事办成,圣人不会因责备无可奈何之人而推卸自己的责任。

众恶必察,众好必察易。

自恶必察,自好必察难。

【译文】

对众人的恶行、善行是必须明察的,而且做起来比较容易;对自己的恶行、善行也是应该明察的,然而做起来比较困难。

见人不是,诸恶之根。
见己不是,万善之门。

【译文】

如果只能看见别人的不对,乃是种种祸事产生的根源;能够看到自己的缺点和错误,则是各种好事产生的渠道和门径。

不为过三字,昧却多少良心!
没奈何三字,抹去多少体面!

【译文】

"不为过"三个字,使多少人违背良心,为自己开脱!"没奈何"三个字,使多少人失去体面,遇事推脱,有力不尽!

品诣常看胜如我者,则愧耻自增;
享用常看不如我者,则怨尤自泯。

【译文】

经常看看那些品德修养比自己高的人,那么羞耻愧悔之心就会猛增;经常看看那些物质生活不如自己的人,那么怨天尤人的想法就会很快消失。

家坐无聊,亦念食力担夫红尘赤日。
官阶不达,尚有高才秀士白首青衿。

【译文】

在家闲坐无聊时,应想想那些靠力气吃饭的挑夫,在炎炎烈日下负重奔忙;为自己官位不高而闷闷不乐时,应想想许多的有才之士,他们白了头却依然是平民百姓。

将啼饥者比,则得饱自乐。
将号寒者比,则得暖自乐。
将劳役者比,则悠闲自乐。
将疾病者比,则康健自乐。
将祸患者比,则平安自乐。
将死亡者比,则生存自乐。

【译文】

同饥饿的人比,能够吃饱就是快乐;同受冷的人比,能得到温暖就是快乐;同做劳役的人比,那么悠闲无事自然快乐;同患病的人比,身体健康就是快乐;同遭受祸患的人比,平平安安就是快乐;同死了的人比,能够活着就是快乐。

常思终天抱恨,自不得不尽孝心。
常思度日艰难,自不得不节费用。
常思人命脆薄,自不得不惜精神。
常思世态炎凉,自不得不奋志气。
常思法网难漏,自不得不戒非为。
常思身命易倾,自不得不忍气性。

【译文】

常想到父母死后做儿女的会抱恨终生,就不会不尽孝心。常想到过日子的艰难,就不会不省吃俭用。常想到生命的脆弱,就不会不重视凝神静气;常想到世态炎凉,就不会不奋发振作自强不息。常想到法网恢恢,就不会不戒除恶行。常想到功业名声容易颠覆,就不会不忍耐克制脾气性情。

以媚字奉亲,以淡字交友,
以苟字省费,以拙字免劳,
以聋字止谤,以盲字远色,

持躬类

以吝字防口，以病字医淫，
以贪字读书，以疑字穷理，
以刻字责己，以迂字守礼，
以狠字立志，以傲字植骨，
以痴字救贫，以空字解忧，
以弱字御侮，以悔字改过，
以懒字抑奔竞风，以惰字屏尘俗事。

【译文】

用近于讨好的心理来孝敬父母；用平淡之心对待朋友；用得过且过之心节约开支；以笨拙无能免去许多辛劳；用装聋来对待别人的谤言；用装瞎来远离美色诱惑；用吝啬小气来防止口无遮拦；用怕生病的心理来诊治淫乱的欲望；用永远不知满足之心来读天下之书；用怀疑一切之心来穷尽世间之理；用苛刻之心来严格要求自己；用墨守成规的心态来坚守礼仪制度；用持之以恒来树立远大志向；用高傲不屈来铸成风骨坚定信仰；用近于痴迷的程度来救助贫困；用万事皆空来解除忧愁；用弱字来防止世人欺负；用悔悟之心来改正错误；用懒字来抑制世俗的奔竞之风；用惰字来屏弃世人追名逐利的庸俗行为。

对失意人，莫谈得意事；
处得意日，莫忘失意时。

【译文】

面对失意的人，不要谈论他人得意的事情；在得意的时候，千万不要忘记那些曾经失意的日子。

贫贱是苦境，能善处者自乐；
富贵是乐境，不善处者更苦。

【译文】

贫贱是一种痛苦，然而对于善处的人来说，却能从中找出许多快乐；富贵是一种快乐，然而对于不善处的人来说，从中感受到的不是快乐，而是更大的痛苦。

恩里由来生害，故快意时须蚤回头；
败后或反成功，故拂心处莫便放心。

【译文】

恩宠里反而会生出祸害，因此，得意的时候需要早点回头；事情失败后反而可能会获得成功，因此，不顺心的时候千万不要轻言放弃，要坚持到底。

深沉厚重，是第一等资质。
磊落雄豪，是第二等资质。
聪明才辩，是第三等资质。

【译文】

性格稳重深沉，是为人的第一等品质。心理磊落豪放，是为人的第二等品质。聪明善辩，是为人的第三等品质。

上士忘名，中士立名，下士窃名 ①。

【注释】

① 上士、中士、下士：皆指官名。此处指贤士、凡人和愚人。

【译文】

上士品德高尚，忘记名声；中士品德一般，树立名声；下士品德低下，不择手段窃取名声。

持躬类

上士闭心,中士闭口,下士闭门。

【译文】

品德高尚的人,心中无所欲求,悠然自得;品德一般的俗人应该闭口不言;品德低下的愚人应该闭门思过。

好讦人者身必危,自甘为愚,适成其保身之智;
好自夸者人多笑,自舞其智,适见其欺人之愚。

【译文】

喜欢攻击别人的人,自身必先遭遇危险;甘心做愚人的人,那么恰好成了保全自身的智慧与巧计。喜欢夸耀自己的人,一般都会被人耻笑;喜欢向人炫耀自己聪明的人,恰恰显露出他自欺欺人的愚蠢和无知。

闲暇出于精勤,恬适出于祗惧。
无思出于能虑,大胆出于小心。

【译文】

闲暇是从勤劳中挤出来的,恬淡舒适是从敬畏恐惧中培育出来的,无思无虑是从多虑中派生出来的,大胆是从小心谨慎里积累起来的。

平康之中,有险阴焉。
衽席 ① 之内,有鸩毒焉。
衣食之间,有祸败焉。

【注释】

① 衽(rèn)席:朝堂宴请时所设席位或寝处之所。

【译文】

平安康宁之中,暗藏危险;枕席之上,暗藏杀机;衣食之间,灾祸随时降临。

居安虑危,处治思乱。

【译文】

处境平安的时候,要想到可能出现的危险;处于大治的时候,要想到可能会出现的混乱。

天下之势,以渐而成;
天下之事,以积而固。

【译文】

天下的形势,是逐渐发展而形成的;天下的大事,是一点一滴积累而成的。

祸到休愁,也要会救;
福来休喜,也要会受。

【译文】

遇到灾祸,则不要发愁,应积极想法补救;得到福禄,不要只是欢喜,应该知道怎样对待与如何消受。

天欲祸人,先以微福骄之;
天欲福人,先以微祸儆之。

【译文】

上天若要降祸于人,必先用小小的好处使他骄傲;上天若要赐福于人,必先用微小的灾患使之有所戒备。

持躬类

57

傲慢之人骤得通显，天将重刑之也；
疏放之人艰于进取，天将曲赦之也。

【译文】

傲慢之人如果突然飞黄腾达，上天将会重重地惩罚他；疏漏放纵的人如果能够艰难进取，上天将会设法成全他。

小人亦有坦荡荡处，无忌惮是已。
君子亦有长戚戚处，终身之忧是已。

【译文】

小人有时候也会有坦荡的地方，因为他们无所顾忌。君子也有悲戚的时候，因为君子终身都是忧国忧民而已。

水，君子也。其性冲①，其质白，其味淡。其为用也，可以浣不洁者而使洁。即沸汤者投以油，亦自分别而不相混，诚哉君子也。

油，小人也。其性滑，其质腻，其味浓。其为用也，可以污洁者而使不洁。倘滚油中投以水，必至激搏而不相容，诚哉小人也。

【注释】

① 冲：空虚。《老子》："道冲而用之，或不盈，渊兮似万物之宗。"

【译文】

水，象征着君子。它本性冲虚，质地洁白，味道淡泊。它的用处很多，用之于洗浣，可以使不清洁的东西变为清洁。即使在沸腾的开水中投放油，二者仍有区别而不相混，君子就是如此。

油，象征着小人。它本性滑润，质地油腻，味道淳厚。它的主要用途是把清洁的东西污染为不清洁。倘若在滚热的油中放入水，二者必相激搏而不相容，小人就是如此。

凡阳必刚,刚必明,明则易知;
凡阴必柔,柔必暗,暗则难测。

【译文】

凡是阳性的事物必然刚强,刚强的事物必然光明,光明就容易看清,从而易于了解;凡是阴性的事物必然柔弱,柔弱的事物必然阴暗,阴暗就难以看清,从而难以预测。

称人以颜子,无不悦者,忘其贫贱而夭;
指人以盗跖,无不怒者,忘其富贵而寿。

【译文】

称赞别人为颜子,没有人不高兴的,却忘记了颜回的一生是贫穷而短命的;指责别人为盗跖,没有人不生气的,却忘记了盗跖的一生是富贵而长寿的。

事事难上难,举足常虞失坠;
件件想一想,浑身都是过差。

【译文】

每件事的办好都有其难处,因此,操作实施时,应该经常防备失足从而掉入陷阱;每走一步,都要三思而行,经过认真反省就会发觉自己浑身都是过失。

怒宜实力消融,过要细心检点。

【译文】

恼怒的时候应当尽力消除怒气,犯错误时要细心检讨自己的过失。

探理宜柔,优游涵泳,始可以自得;
决欲宜刚,勇猛奋迅,始可以自新。

【译文】

探求事理应该优柔,仔细咀嚼品味思考,才能做到心有所得;排除个人欲望应该果断,勇猛迅速,坚决果敢,这样才能悔过自新。

惩忿窒欲,其象为《损》,得力在一忍字;
迁善改过,其象为《益》,得力在一悔字。

【译文】

克制愤怒,排除欲念,卦象为"损",最重要的在于一个"忍"字,只要忍耐得住,欲念就会消失;迁善改过,重新做人,卦象为"益",最重要的在于一个"悔"字,只要诚心悔过,就可以达到至善境地。

富贵如传舍 ①,惟谨慎可得久居;
贫贱如敝衣,惟勤俭可以脱卸。

【注释】

① 传舍:古代驿站或供客人休息住宿的地方。

【译文】

富贵犹如客舍一样,只有谨慎守财才能久居其中;贫贱犹如一件破衣裳一样,只有勤俭节约才能把它脱去。

俭则约,约则百善俱兴;
侈则肆,肆则百恶俱纵。

【译文】

勤俭的人对自己一般都有严格约束,只有对消费严格约束,家庭富裕之后,才能去兴办各种想办的善事;奢侈的人生活态度一般都会放肆,挥金如土,对自己放任而不约束,那么各种坏事、恶事就会接踵而至。

奢者富不足,俭者贫有余;
奢者心常贫,俭者心常富。

【译文】
奢侈的人虽然有很多钱财,但从来不知道有满足的时候,勤俭的人虽然贫困,但因量入为出,总觉得仍有节余。奢侈的人内心常常感到贫困,而勤俭的人内心却常常感到富有。

贪饕以招辱,不若俭而守廉。
干请以犯义,不若俭而全节。
侵牟 ① 以聚怨,不若俭而养心。
放肆以遂欲,不若俭而安性。

【注释】
① 侵牟:侵夺,掠夺。
【译文】
贪心不足常常招致他人侮辱,不如节俭而保持廉洁品德。为私欲而违反道德,不如勤俭持家以保全节操。巧取豪夺以致结怨,不如勤俭做人以养身心。放任而纵欲,不如清心寡欲以保持天性的纯真。

静坐然后知平日之气浮。
守默然后知平日之言躁。
省事然后知平日之心忙。
闭户然后知平日之交滥。
寡欲然后知平日之病多。
近情然后知平日之念刻。

持躬类

61

【译文】

　　静坐以后，才知道自己平时心浮气躁。沉思默想之后，才知道自己平时说话粗暴，而没有考虑成熟。对自己的所作所为反省之后，才知道自己平时心情忙乱而做法欠妥。关起大门之后，才知道自己平时交友不慎。欲望排除之后，才知道自己平时不加约束而导致疾病很多。接近人情之后，才知道自己平时不懂先人后己的古训而待人过于严苛。

　　无病之身，不知其乐也，病生始知无病之乐。
　　无事之家，不知其福也，事至始知无事之福。

【译文】

　　身体健康的时候，不知道没病的快乐，到了生病时才体会到没有生病时的快乐。平安无事的家庭，不知道这就是福气，到了出事时才体会到家庭平安的幸福。

　　欲心正炽时，一念著病，兴似寒冰；
　　利心正炽时，一想到死，味同嚼蜡。

【译文】

　　心中欲火燃烧得正旺盛的时候，只要一想到会招致疾病，兴致顿时凉过寒冰；追求利益之心正旺盛的时候，只要一想到将来人人都会死，那么追求利益之心则会味同嚼蜡，索然无味。

　　有一乐境界，即有一不乐者相对待；
　　有一好光景，便有一不好底相乘除。

【译文】

　　只要有一处快乐的境界出现，就会有一个不好的方面与之相随；只要有一段好的时光出现，便会有一段不好过的日子接踵而至。

事不可做尽，言不可道尽，
势不可倚尽，福不可享尽。

【译文】

万事留一线，话需留三分，狗仗人势惨，福分无双至。

不可吃尽，不可穿尽，不可说尽；
又要懂得，又要做得，又要耐得。

【译文】

生活上，不可以吃尽，不可以穿尽，说话时不可以说尽；处事上，又要理解，又要做到，遇到不顺心的事要忍耐。

难消之味休食，难得之物休蓄。
难酬之恩休受，难久之友休交。
难再之时休失，难守之财休积。
难雪之谤休辩，难释之忿休较。

【译文】

难消化的美味不要吃，稀有难得的宝物不要收藏。难以报答的恩情不要接受，难长久的朋友不要交往。不能再有的机遇不能丧失，很难看守保存的财物不要积贮。难以澄清的毁谤不要争辩，难以消解忘记的愤恨不要计较。

饭休不嚼便咽，路休不看便走，
话休不想便说，事休不思便做，
衣休不慎便脱，财休不审便取，
气休不忍便动，友休不择便交。

持躬类

【译文】

吃饭不能不嚼就咽，走路不能不看就走。说话不能不想就说，事情不能不想就做。脱衣服不能不谨慎随便就脱，钱财不能不想清楚就取。怒气不能不忍就去发泄，朋友不能没有经过选择就去结交。

为善如负重登山，志虽已确，而力犹恐不及；

为恶如乘骏走坂，鞭虽不加，而足不禁其前。

【译文】

做善事如同背着重物登山，虽然志向已经确定，但是担心的仍是力所不能及；做坏事如同骑马下山，虽然不用加鞭，而双脚却在不知不觉中向前。

防欲如挽逆水之舟，才歇手，便下流；

力善如缘无枝之树，才住脚，便下坠。

【译文】

排除欲念犹如逆水挽舟，稍一松劲，便顺水而下；做善事犹若攀缘无枝之树，稍一停住，双脚便向下滑。

胆欲大，心欲小，智欲圆，行欲方。

【译文】

胆识要大，心思要细，智慧要圆润，行为要方正。

真圣贤，决非迂腐；

真豪杰，断不粗疏。

格言联璧

真正的圣贤,绝不迂腐呆板;真正的豪杰,绝不粗鲁疏漏。

龙吟虎啸,凤翥鸾翔,大丈夫之气象;

蚕茧蛛丝,蚁封蚓结,儿女子之经营。

龙吟虎啸,凤鸾翱翔,这是大丈夫的气概;蚕儿结茧,蜘蛛吐丝,蚂蚁筑巢,蚯蚓纠结,这是小人的营生。

格格^①不吐,刺刺^②不休,

总是一般语病,请以莺歌燕语疗之;

恋恋不舍,忽忽若忘,

各有一种情痴,当以鸢飞鱼跃化之。

【注释】

① 格格:鸟鸣的声音。

② 刺刺:爱说话的样子。

【译文】

吞吞吐吐,喋喋不休,这是人在说话时的病态表现,请以莺歌燕语的悦耳之声加以治疗;依依不舍,漫不经心,各是一种痴情的显示,应以鸢飞鱼跃的开阔气度去化解。

问消息于蓍龟^①,疑团空结;

祈福祉于奥灶^②,奢想徒劳。

【注释】

① 蓍龟:古代占卜的用具,即蓍草和龟甲。《易经·系辞上》:"探赜索隐,钩深致远,以定天下之吉凶,成天下之亹亹者,莫大乎蓍龟。"

持躬类

② 奥灶：屋内西南角,神所居处。灶,指神。

【译文】

用蓍草和龟甲占卜吉凶,种种疑团依然在心中空结;向灶神祈求福祉,依然是水中捞月,徒劳无益。

谦,美德也,过谦者怀诈;

默,懿行也,过默者藏奸。

【译文】

谦虚是做人的美德,然而过于谦虚的人往往心怀诡诈;缄默是为人的高尚品行,然而过于缄默的人往往胸藏奸伪。

直不犯祸,和不害义。

【译文】

正直不会招致祸患,谦和不会伤害道义。

圆融者无诡随之态,精细者无苛察之心,

方正者无乖拂之失,沉默者无阴险之术,

诚笃者无椎鲁^①之累,光明者无浅露之病,

劲直者无径情^②之偏,执持者无拘泥之迹,

敏练者无轻浮之状。

【注释】

① 椎鲁：迟钝、鲁莽。

② 径情：肆意,任性。

【译文】

圆通随和的人没有不顾是非而妄随他人的表现,精明细心的人没有以烦琐苛刻为明察的心理,行为正直的人没有乖戾背逆的过失,深沉缄

默的人没有阴险的手段,诚实笃厚的人没有鲁钝的牵累,光明磊落的人没有浅露的毛病,刚直的人没有任性的偏见和失误,果断的人没有拘泥的形迹,机敏练达的人没有轻浮的举动。

> 才不足则多谋,识不足则多事,
> 威不足则多怒,信不足则多言,
> 勇不足则多劳,明不足则多察,
> 理不足则多辩,情不足则多仪。

【译文】

才能不足则阴谋多,学识不足则多事务,威势不足则多恼怒,诚信不足则多言语,勇气不足则多辛劳,明细不足则多苛察,道理不足则多辩解,情分不够则多礼仪。

> 私恩煦感①,仁之贼也。
> 直往轻担,义之贼也。
> 足恭伪态,礼之贼也。
> 苛察歧疑,智之贼也。
> 苟约②固守,信之贼也。

【注释】

① 煦感:念念不忘。煦,温暖。

② 苟约:苟且之约。

【译文】

对私恩念念不忘,是对仁的戕害。轻率从事而不担责任,是对义的戕害。外表上装作恭敬,实际上弄虚作假,是对礼的戕害。苛察而多疑,是对智的戕害。总是以苟且之约行事,是对信的戕害。

> 有杀之为仁,生之为不仁者。

持躬类

有取之为义,与之为不义者。
有卑之为礼,尊之为非礼者。
有不知为智,知之为不智者。
有违言为信,践言为非信者。

【译文】

有只有杀掉他才叫作仁,使之继续存活下去反而不叫作仁的。有只有把他的财物拿过来才能叫作义,把自己的财物赠送给他反而不能叫作义的。有只有鄙视他才能叫作礼,对他尊重反而不能叫作礼的。有不知道的叫作智,知道反而不能叫作智的。有说了不算叫作信,实践诺言反而不能叫作信的。

愚忠愚孝,实能维天地纲常,
惜不遇圣人裁成,未尝入室;
大诈大奸,偏会建世间功业,
倘非有英主驾驭,终必跳梁。

【译文】

愚忠愚孝的人,确实能维护天地之间的纲纪伦常,可惜,若未经圣人裁制培养,最终还不能登堂入室。大诈大奸之人,有时候意想不到也会建立世间伟大功业,但如果没有英主驾驭,最终会成为跳梁小丑。

知其不可见而遂委心任之者,达人智士之见也;
知其不可为而亦竭力图之者,忠臣孝子之心也。

【译文】

明知事情办不成功,但是却放下心来,尽力而为,成功不成功,一切顺其自然,这是通达明智之士的见识;明明知道事情不能成功,却仍然绞尽脑汁,千方百计想办法,这是忠臣与孝子的诚心。

小人只怕他有才,有才以济之,流害无穷;
君子只怕他无才,无才以行之,虽贤何补?

【译文】

如果是小人,只怕他有才能,因为才能可以帮助他实现野心,从而造成的祸害也将无穷无尽;如果是君子,就怕他没有才能,他没有才能来实现自己的理想,品德虽然高尚又有什么用呢?

摄生（附）

慎风寒，节饮食，是从吾身上却病法；
寡嗜欲，戒烦恼，是从吾心上却病法。

【译文】

防止受风着凉，平时吃喝有所节制，这是从自己身体本身免除疾病
的方法；减少私欲，戒除烦恼，这是从自己心理上免除疾病的方法。

少思虑以养心气，寡色欲以养肾气，
勿妄动以养骨气，戒嗔怒以养肝气，
薄滋味以养胃气，省言语以养神气，
多读书以养胆气，顺时令以养元气。

【译文】

减少思虑烦恼，来保护滋养心气；减少嗜好色欲，来保护滋养肾气；
不要轻举妄动，以免伤筋动骨，从而保护滋养骨气；注意不能轻易发火，
从而保护滋养肝气；吃喝不要过度，以便保护滋养胃气；平时少说话，以
便保护滋养神气；饱读诗书，做到见多识广，以便保护滋养胆气；顺应时
令，注意冷暖，以便保护滋养元气。

忧愁则气结，忿怒则气逆，恐惧则气陷，
拘迫则气邪，急遽则气耗。

【译文】

忧愁会使人的心气滞结不畅；发火会使人的肝气逆向流动；恐惧会

格言联璧

70

使人精神低沉,神气不足;拘迫会使人心气不顺,郁结成疾;急躁浮嚣会使人精气消耗,精疲力竭。

行欲徐而稳,立欲定而恭,
坐欲端而正,声欲低而和。

【译文】

行走应缓和稳当,站立应坚定而谦恭,坐姿应该端端正正,说话的声音应该低缓而平和。

心神欲静,骨力欲动。
胸怀欲开,筋骸欲硬。
脊梁欲直,肠胃欲净。
舌端欲卷,脚跟欲定。
耳目欲清,精魂欲正。

【译文】

精神保持平和宁静,身体经常坚持运动。胸怀一定要开阔,筋骨一定要强劲有力。脊梁一定要挺直,肠胃一定要干净。舌尖一定要卷起,少说为佳;脚跟一定要站稳,屹立不动。眼睛和耳朵一定要看清听清,自己的良心一定要摆平放正。

多静坐以收心,寡酒色以清心,去嗜欲以养心,
玩古训以警心,悟至理以明心。

【译文】

常静坐多思考以收束自己心中不切实际的想法;不酗酒不贪色以保持自己心灵的纯洁;除去嗜好贪欲严格约束自己保持心灵清正;经常品味古训以提高自己对各种私虑的警觉之心;经常体察万物运动变化的深

摄生(附)

刻道理做到心中有数。

宠辱不惊,肝木自宁。
动静以敬,心火自定。
饮食有节,脾土不泄。
调息寡言,肺金自全。
恬淡寡欲,肾水自足。

【译文】

受宠受辱都不放在心上,那么肝部就不会受到损伤。一动一静做到诚敬,那么心神就会泰然自若。吃喝有节制,那么脾脏就会康健。不生气、少说话,那么肺部就会得到养护。生活恬淡,清心寡欲,那么肾脏就不会受到损害,从而保持旺盛活力。

道生于安静,德生于卑退,
福生于清俭,命生于和畅。

【译文】

道生于安静无欲,德生于谦让少欲,福生于清心俭省,命生于平和顺畅。

天地不可一日无和气,
人心不可一日无喜神。

【译文】

天地不能一日没有和气,人心不能一天没有喜气。

拙字可以寡过,缓字可以免悔,退字可以远祸,苟字可以养福,静字可以益寿。

"拙"字可以使人减少过失,"缓"字可以使人免除后悔,"退"字可以使人远离灾祸,"苟"字可以使人积累福泽,"静"字可以使人延年益寿。

毋以妄心戕真心,勿以客气伤元气。

【译文】

不要以虚妄不实之心去伤害纯真的本心,不要以外在邪气去伤害心内的正气。

拂意处要遣得过,清苦日要守得过,
非理来要受得过,忿怒时要耐得过,
嗜欲生要忍得过。

【译文】

遇到不如意的事情和想法应该及时排遣干净,遇到清贫困苦的日子要坚守得住,没有道理的事情不要盲目去做,愤怒的时候应控制自己不能轻易发作,当贪欲萌生的时候应严加约束控制。

言语知节,则愆尤少。
举动知节,则悔吝少。
爱慕知节,则营求少。
欢乐知节,则祸败少。
饮食知节,则疾病少。

【译文】

说话谨慎,懂得节制则过失少。行动小心,少办错事,从而后悔和惭愧的时间少。对自己的爱慕喜好知道节制,那么对别人的欲望要求就会少。对欢乐的事情知道节制,那么自己的祸患就会少。对饮食生活适度

摄生（附）

有节,那么自己就会少生疾病。

> 人知言语足以彰吾德,
> 而不知慎言语乃所以养吾德;
> 人知饮食足以益吾身,
> 而不知节饮食乃所以养吾身。

【译文】

人们都知道言语可以彰显自己高尚的道德品质,而不知道言语谨慎正是培养自己这种高尚道德品质的方法和途径。人们都知道饮食可以支撑身体维护生命,而不知道适度节制饮食正是养身健体的方法和途径。

> 闹时炼心,静时养心,坐时守心,
> 行时验心,言时省心,动时制心。

【译文】

热闹场合,可以锻炼心灵;安静时候,可以养护心灵;闲坐时候,可以守护心灵;行动时候,可以检验心灵;说话时候,可以反省心灵;运动时候,可以制约心灵。

> 荣枯①倚伏,寸田②自开惠逆③,何须历问塞翁④?
> 修短参差,四体自造彭殇⑤,似难专咎司命!

【注释】

① 荣枯:草木茂盛为荣,不茂盛为枯。此处的荣枯,主要指事物内部两个对立统一的方面既相互依存又相互对立,互相转化的规律。白居易诗:"离离原上草,一岁一枯荣。"

② 寸田:心田。道家称心为心田。因心位于胸部方寸之地,亦称寸心,

寸田。

③惠逆：顺逆。惠，此处指顺。

④塞翁：语本《淮南子·人间训》："塞翁失马，焉知非福？"

⑤彭殇：彭指彭祖，古代长寿者。此处彭即代表长寿。殇指未成年而死，又称夭。因此，彭殇亦指长寿和短命，此处谓寿夭。

【译文】

茂盛和衰败，是相互依存又相互转化的。人们心里明白这一点，就应采取逆来顺受的态度，还有什么必要去询问那个塞外老人什么是祸，什么是福？人的寿命有长有短，参差不齐，这是个人身体本身决定的，似乎完全归责于命运的主宰者也是有失公允的。

节欲以驱二竖①，修身以屈三彭②，
安贫以听五鬼③，息机以弭六贼④。

【注释】

①二竖：此指疾病、病魔。

②三彭：三尸。传说三尸姓彭。道家认为三尸居住在人的身体之中，分别为三位作祟之神。上尸叫青姑，专伐人眼；中尸叫白姑，专伐五脏；下尸叫血姑，专伐胃命。她们每三朝，于庚申日专门向天帝报告人的恶行。因此，学仙的人首先绝掉三尸。

③五鬼：比喻处境不好，不顺利。韩愈《送穷文》把智穷、学穷、文穷、命穷、交穷这五穷称为五鬼。

④六贼：亦称六尘。佛教用语。指色、声、香、味、触、法六者为尘。这六尘与六根相接，从而产生各种嗜欲，导致各种烦恼。在人修养品德的过程中，把六尘视为修身的六贼。

【译文】

节制欲念可以驱除各种疾病，修身养性可以使三彭找不出过失，安贫乐道可以听任五鬼作祟，慎动心机不用诡计可以清除六贼。

衰后罪孽,都是盛时作的;
老来疾病,都是壮年招的。

【译文】

衰败后的惨景,都是因兴盛时不知巩固而积累的;老年之时的种种疾病,都是年轻不知养生招惹的。

败德之事非一,而酗酒者德必败;
伤生之事非一,而好色者生必伤。

【译文】

败坏德行的事情很多,而酗酒成性者的德行必定会一天天地坏下去;生活中损害身体的事也很多,而好色之徒的身体则必然受到伤害。

木有根则荣,根坏则枯。鱼有水则活,水涸则死。灯有膏则明,膏尽则灭。人有真精,保之则寿,戕之则夭。

【译文】

树木有根才会茂盛,如果树根坏了,那么树木很快就会枯死。鱼类只有在水中才能存活,如果它们离开了水,那么很快就会死掉。灯中有油它才会明亮,如果油烧完了,它就会立即熄灭。人人身上都有真精元气,对它保护得好就能长寿,保护得不好甚至对它加以伤害,那么这个人就会短命夭亡。

敦品类

欲做精金美玉的人品,定从烈火中锻来;
思立揭地掀天的事功,须向薄冰上履过。

【译文】
  要想有精金美玉一样的人品,一定得从烈火般艰苦的斗争中千锤百炼而得;要想成就翻天覆地的功业,必须先从危险的薄冰上战战兢兢地小心走过。

人以品为重,若有一点卑污之心,
便非顶天立地汉子;
品以行为主,若有一件愧怍之事,
即非泰山北斗品格。

【译文】
  人,应该以品格为重,如果有一点卑贱污秽的私心,便不是顶天立地的汉子;品格,又以行为为主,一生中若做一件对不起良心的事,那么品格就不会像泰山那样崇高如北斗那样明亮。

人争求荣乎,就其求之之时,
已极人间之辱;
人争恃宠乎,就其恃之之时,
已极人间之贱。

【译文】

人们争相追求荣华权势,就在争名夺利的时候,就已经受尽了人间的耻辱;人们争相寻找自己的靠山,争取上司的恩宠,就在这种行为开始的时候,就已经开始体验世间低贱和卑躬屈膝。

　　丈夫之高华,只在于功名气节;
　　鄙夫之炫耀,但求诸服饰起居。

【译文】

大丈夫之所以尊严高贵,就在于他有相当的功名和气节;庸俗之人没有什么值得炫耀,最后只得求之于衣饰起居。

　　阿谀取容,男子耻为妾妇之道;
　　本真不凿,大人不失赤子之心。

【译文】

阿谀巴结,谄媚取宠,乃是小女人邀宠的办法,男子汉绝不会采取;保持天性纯真,不事雕琢,乃是童子之心,大丈夫从生到死,一生不失这颗赤子之心。

　　君子之事上也,必忠以敬,其接下也,必谦以和。
　　小人之事上也,必谄以媚,其待下也,必傲以忽。

【译文】

君子对待上司,必然忠实恭敬;君子接待下属,必然谦虚温和。小人事奉上司,必然谄言媚色;小人接待下属,必然傲慢轻忽。

　　立朝不是好舍人^①,自居家不是好处士。
　　平素不是好处士^②,由小时不是好学生。

格言联璧

【注释】

① 舍人：官名。周时为主持宫中粮谷之官，后世以为亲近左右之职。至清始废。

② 处士：旧时指未做官的读书人。

【译文】

在朝廷上不是一个好官员，在家乡就不是一个好处士。平时不是好处士，从小时就不是一个好学生。

做秀才如处子，要怕人。
既入仕如媳妇，要养人。
归林下如阿婆，要教人。

【译文】

当学生的时候，动作举止应该像一个没有出嫁的姑娘，遇人羞羞答答，小心谨慎地对待别人。进入仕途之后，动作举止应该像一位大大方方的年轻媳妇，不仅要处理好公务，还要哺育子女和孝敬老人。归隐山林之后，动作举止应该像一位老婆婆，不仅要严于律己，保持晚节，而且还要教育下一代。

贫贱时，眼中不著富贵，他日得志必不骄；
富贵时，意中不忘贫贱，一旦退休必不怨。

【译文】

贫穷的时候，心中不羡慕富贵，他日显达时必然不会骄傲；富贵的时候，胸中仍有昔日的贫贱，一旦致仕必然不会产生埋怨情绪。

贵人之前莫言贱，彼将谓我求其荐；
富人之前莫言贫，彼将谓我求其怜。

【译文】

在有权有势的人面前，不要述说自己地位低下，否则他将会认为我请求他给予提拔；在富有的人面前，不要说任何自己贫困的话，否则他将会认为我在向他乞求怜悯。

　　小人专望人恩，恩过辄忘；
　　君子不轻受人恩，受则必报。

【译文】

小人盼望的总是别人对他施与恩惠，往往是受过之后就会忘记；君子一般不轻易接受别人的恩惠，一受恩惠总是想方设法涌泉相报。

　　处众以和，贵有强毅不可夺之力；
　　持己以正，贵有圆通不可拘之权。

【译文】

与众人相处要态度平和，贵在有坚定的信念和不可改移的原则性；对待自己要用道义严格约束，贵在学会变通，保持方法和措施的灵活性。

　　使人有面前之誉，不若使人无背后之毁；
　　使人有乍处之欢，不若使人无久处之厌。

【译文】

让人得到别人的当面赞扬，不如不要遭到别人背后的唾骂；让人刚开始相处时感到欢乐，不如让人没有长久相处产生的厌烦。

　　媚若九尾狐，巧如百舌鸟，
　　哀哉羞此七尺之躯！
　　暴同三足虎，毒比两头蛇，

惜乎坏尔方寸之地！

【译文】

做人如果像九尾狐那样讨好谄媚，像百舌鸟那样阿谀，可悲呀，大丈夫应该为此感到羞耻！做人如果像三足虎那样残暴，像两头蛇那样狠毒，可惜呀，此时你的良心已经完全坏掉！

到处伛偻 ①，笑伊首何仇于天？何亲于地？
终朝筹算，问尔心何轻于命？何重于财？

【注释】

① 伛偻(yǔ lǚ)：原指背部弯曲，后引申为对人恭敬从命的样子。

【译文】

卑躬屈膝的人到处都是，可笑你的面孔为什么对天冷漠，一眼也不看？为什么对地亲热，总也看不够？成天筹谋盘算，敢问你的心为什么轻视自己的生命？为什么对钱财却是那么重视？

富儿因求宦倾资，污吏以黩货 ① 失职。

【注释】

① 黩(dú)货：奢侈腐化，挥金如土，贪得无厌。

【译文】

富有的人为求得一官半职倾尽自家所有的金钱财物，贪官污吏因贪得无厌而丢官罢职。

亲兄弟析箸 ①，璧合翻作瓜分；
士大夫爱钱，书香化为铜臭。

① 析箸:犹言分爨(cuàn),即分家。

【译文】

　　亲兄弟分家,就像一块完美的玉石被当作瓜一样切成一块一块;士大夫因为爱钱,竟然把书香变成铜臭。

　　士大夫当为子孙造福,不当为子孙求福。
　　谨家规,崇俭朴,教耕读,积阴德,此造福也。
　　广田宅,结姻援,争什一,鬻功名,此求福也。
　　造福者淡而长,求福者浓而短。

【译文】

　　士大夫应为子孙造福,不应为子孙求福。严定家规,崇尚俭朴,教育子女勤奋劳动,认真读书,积累阴德,这是为子孙造福。扩大田宅,拉拢关系,争取利益,买卖功名,这是为子孙求福。为子孙造福平淡而久远,为子孙求福的做法则是忙碌而短暂。

　　士大夫当为此生惜名,不当为此生市名。
　　敦诗书,尚气节,慎取与,谨威仪,此惜名也。
　　竞标榜,邀权贵,务矫激,习模棱,此市名也。
　　惜名者,静而休;市名者,躁而拙。
　　士大夫当为一家用财,不当为一家伤财。
　　济宗党,广束脩①,救荒歉,助义举,此用财也。
　　靡苑囿,教歌舞,奢燕会,聚宝玩,此伤财也。
　　用财者,损而盈;伤财者,满而覆。

【注释】

　　① 束脩:十条干肉。脩,即脯,古代上下亲友之间相互赠献的一种礼物。又因古代十五岁入学,入学必用束脩,后世专指儿童或少年入学,家

长专门赠送给老师的酬金或其他专用礼物。

【译文】

士大夫珍惜自己一生的名誉是对的,但为了自己去沽名钓誉则是大错特错。研读诗书,崇尚气节,取舍有道,严修威仪,这些都是珍惜名誉;互相吹捧,攀附权贵,哗众取宠,不分是非,这些都是市买名誉。珍惜自己名誉的人一生悠闲,市买名誉的人浮躁而愚笨。

士大夫应当正确使用钱财,而不是随便挥霍浪费。救济乡党,广施教化,赈济灾荒,扶助义举,这是正当用财;广置范围,教习歌舞,大宴宾客,聚集珍宝,这是浪费钱财。正当用钱的人,虽然花去一些钱而收获丰厚;浪费钱财的人,虽积聚了不少钱,然而很快就会挥霍干净。

士大夫当为天下养身,不当为天下惜身。
省嗜欲,减思虑,戒忿怒,节饮食,此养身也;
规利害,避劳怨,营窟宅,守妻子,此惜身也。
养身者,啬而大;惜身者,丰而细。

【译文】

士大夫应当为能担当济世大任造福天下而修养身心,不应当为私利而珍惜生命。减少欲念嗜好,减少思虑,戒除愤怒,节制饮食,这叫作修养身心;避开利害劳怨,营造住宅房舍,守在妻儿身旁,这叫作为私利而惜身。养身的人,既大方又不浪费;为私利只知惜身的人,虽丰裕却十分小气。

处事类

处难处之事愈宜宽，处难处之人愈宜厚，
处至急之事愈宜缓，处至大之事愈宜平，
处疑难之际愈宜无意。

【译文】

越是处理难以处理的事情，胸怀越是应当宽广；越是同难以相处的人相处，行为越是应当宽厚；越是处理紧急的事情，在抓紧时间的同时越是应当舒缓稳妥；越是处理重大的事情，心态越是应当平和；越是处理疑难的事情，越是不要先入为主，努力做到客观公正。

无事时，常照管此心，兢兢然若有事；
有事时，却放下此心，坦坦然若无事。
无事如有事提防，才可弭意外之变；
有事如无事镇定，方可消局中之危。

【译文】

没事的时候要时时警惕如同有事发生一样；有事的时候反而把心放松，坦坦荡荡，如同事情没有发生似的。平时无事的时候要当有事提防，意外事情发生时才能从容应对；有事时如能像无事时那样镇定，这样才能消除事件中隐藏的危机。

当平常之日，应小事宜以应大事之心应之。盖天理无小，即目前观之，便有一个邪正，不可忽慢苟简，须审理之邪正以应之方可。及变故之来，处大事宜以处小事之心处之。盖人事虽大，自天理观之,只有一个是非,不可惊惶失措,但凭理之是非以处之便得。

【译文】

在平常时候,处理小事也应该用处理大事的心态去处理。因为天理不分大小,就从眼前来看,都有一个邪与正的界限。因此,不能急慢苟简,为了弄清邪正,必须审视情理。一旦变故来临,处理大事则应该用处理小事一样平静的心态去处理。虽然人事重大,而从天理的角度看,仍然只是一个是与非的问题。处理时不仅不能惊慌失措,而应泰然自若,只管依据天理的是非标准加以处置就行。

> 缓事宜急干,敏则有功;
> 急事宜缓办,忙则多错。

【译文】

对待可以缓办的事情抓紧时间快办,因为敏捷可以立见功效;急迫的事情处理时可以缓慢些,因为匆忙来不及慎重考虑往往会错漏百出。

> 不自反者,看不出一身病痛;
> 不耐烦者,做不成一件事业。

【译文】

不善于自我反省的人,即使有一身的毛病自己也看不出来;没有耐心的人,做不成一件正经事业。

> 日日行,不怕千万里;
> 常常做,不怕千万事。

【译文】

只要每天都向前走,不怕路远,哪管它有千万里之遥;只要经常不停地做,不怕事繁,哪管它有千万件之多。

　　必有容,德乃大;必有忍,事乃济。

【译文】

　　必须有容人的度量,品德才会高尚;必须有忍耐之心,才能把事情做好。

　　过去事,丢得一节是一节;
　　现在事,了得一节是一节;
　　未来事,省得一节是一节。

【译文】

　　对于过去的事,能够忘掉一件就是一件;对于当前的事情,尽量去做,能做一件就是一件;对于将来的事,则是不要没事找事,能省却一件就是一件。

　　强不知以为知,此乃大愚;
　　本无事而生事,是谓薄福。

【译文】

　　硬要不懂装懂,这是人世间最愚蠢的行为;无事自寻烦恼,这叫有福不会享。

　　居处必先精勤,乃能闲暇;
　　凡事务求停妥,然后逍遥。

【译文】

　　为人必须精于勤奋,才会于百忙中找出闲暇时间;凡事只有处理妥当,然后才能逍遥自在。

　　天下最有受用,是一闲字,
　　然闲字要从勤中得来;
　　天下最讨便宜,是一勤字,
　　然勤字要从闲中做出。

【译文】
　　天下最可受用的是一个闲字,就是悠闲,然而悠闲最终还是要从勤奋中得来;天下最能讨到便宜的是一个勤字,然而勤奋是从悠闲中做出来的。

　　自己做事,切须不可迁滞,
　　不可反复,不可琐碎;
　　代人做事,极要耐得迁滞,
　　耐得反复,耐得琐碎。

【译文】
　　自己做事,应快捷利落,切不可迟缓拖沓,更不要反反复复,琐琐碎碎,时间浪费无数;替别人做事则相反,不仅需要耐得住迟缓拖沓、反反复复和琐琐碎碎,切记要一丝不苟,更要不厌其烦、精益求精。

　　谋人事如己事,而后虑之也审;
　　谋己事如人事,而后见之也明。

【译文】
　　办别人的事像办自己的事一样,就会考虑得周详全面;办自己的事像办别人的事一样,就会看清楚其中的是非曲直。

处事类

无心者公,无我者明。

没有私心的人办事才会公正,忘记自我的人才会光明正大。

置其身于是非之外,而后可以折是非之中;
置其身于利害之外,而后可以观利害之变。

【译文】
把自己置身于是非之外,才可以客观公正地对是非给予评判;把自己置身于利害之外,才可以看清利害变化的始末。

任事者,当置身利害之外;
建言者,当设身利害之中。

【译文】
负责处理事情的人,应该置身于利害关系之外,才能看清利害的变化;提出建议的人,应该设身处地于利害之中,才能提出合理的建议。

无事时,戒一偷字;
有事时,戒一乱字。

【译文】
无事的时候注意戒除苟且偷安的心理;事多的时候不能陷入忙乱。

将事而能弭,遇事而能救,既事而能挽,
此之谓达权,此之谓才。
未事而知来,始事而要终,定事而知变,
此之谓长虑,此之谓识。

格言联璧

【译文】

事情将要发生然而还没有发生的时候能够消除,遇到突发之事而能采取补救措施,事情已经发生了而且能够挽回,这就叫作懂得权宜应变,也叫作才能。

事情还没有发生就预知到它必将要来临,事情刚一开始就能预测出它的未来结局,既成事实之后还能懂得它的变化,这就叫考虑长远,也叫卓有见识。

提得起,放得下,算得到,

做得完,看得破,撇得开。

【译文】

做人要有器量,遇事能拿得起,放得下,猜算得到。做事要做得完美,看事要一眼能看穿真相,麻烦事想撇即撇得开。

救已败之事者,如驭临崖之马,休轻策一鞭;

图垂成之功者,如挽上滩之舟,莫少停一棹。

【译文】

想挽救已经失败的事,就如同驾驭临近悬崖边沿的马,万不能轻策一鞭;要办成即将成功的事,就如同拉船上沙滩,万不能稍停一桨。

以真实肝胆待人,事虽未必成功,

日后人必见我之肝胆;

以诈伪心肠处事,人即一时受惑,

日后人必见我之心肠。

【译文】

以真诚之心待人,事情虽然未必办成,但日后别人也会知道我的诚

处事类

意；用欺诈之心处理事情，别人虽然一时受惑，日后别人也会识破我的狡诈和虚伪。

天下无不可化之人，但恐诚心未至；
天下无不可为之事，只怕立志不坚。

【译文】

天下没有不可以教育感化的人，怕就怕教育者的诚心未用够用足；天下没有做不成的事，怕就怕做事者的志向不坚定。

处人不可任己意，要悉人之情；
处事不可任己见，要悉事之理。

【译文】

与人相处千万不能随心所欲，要了解别人的感受；与人交往不能固执己见，要明白事理。

见事贵乎明理，处事贵乎心公。

【译文】

看待事情的可贵处，在于明白事理；处理事情的可贵处，在于内心公正无私。

于天理汲汲者，于人欲必淡；
于私事耽耽者，于公务必疏；
于虚文熠熠者，于本实必薄。

【译文】

一心追求天理的人，对于人的欲望必然淡薄；整天为私事奔波的人，处理公务必然粗心；追求外表打扮的人，内在修养必然不够。

> 君子当事，则小人皆为君子，
> 至此不为君子，真小人也。
> 小人当事，则中人皆为小人，
> 至此不为小人，真君子也。

【译文】

君子掌权管事，则小人都能变成君子，在这种情况下仍然不能成为君子，则是真正的小人；小人弄权当道，则才能中等的人都变成了小人，在这种情况下仍不做小人的，则是真正的君子。

> 居官先厚民风，处事先求大体。

【译文】

当官应先改变民风，使民俗民风变为淳厚；处理事情，应先了解基本情况，掌握事情的实质性特点，然后进行恰当处理。

> 论人当节取其长，曲谅其短；
> 做事必先审其害，后计其利。

【译文】

评论一个人的品格高低，首先应先看到他的长处和优点，曲护体谅他的短处；如果是做一件事，则首先考虑它的坏处，然后再分析做成后有哪些好处。

> 小人处事，于利合者为利，于利背者为害；
> 君子处事，于义合者为利，于义背者为害。

【译文】

小人做事,与利益一致且相合者则共同谋利,违背他的利益的,小人则做损害他人利益的坏事;君子做事与其相反,与道义一致且相合者则共同为利,如果是违背道义的事,虽对个人有利,亦断然不为。

只人情世故熟了,甚么大事做不到?
只天理人心合了,甚么好事做不成?
只一事不留心,便有一事不得其理;
只一物不留心,便有一物不得其所。

【译文】

只要人情世故熟悉,还有什么大事不能办到? 只要不违背天理、顺应人心,还有什么好事不能做成? 只要有一件事不留心,就会有一件事不明其中的道理;只要有一件东西不留心,就会有一件东西不能适得其所。

事到手,且莫急,便要缓缓想;
想得时,切莫缓,便要急急行。

【译文】

大事临头,不要着急,要平心静气地想好解决的办法;办法想好了,就要抓紧时间去办,越快越好。

事有机缘,不先不后,刚刚凑巧;
命若蹭蹬,走来走去,步步踏空。

【译文】

一件事情之所以会在此时此地发生,确实需要一定条件一定机缘的,不然,这些条件就不会不早不晚,刚刚凑巧一起发生;如果命运使你蹭蹬失意,不管你走到哪里,都会步步踏空。

接物类

事属暧昧,要思回护他,
著不得一点攻讦的念头;
人属寒微,要思矜礼他,
著不得一毫傲睨的气象。

【译文】

对于别人的隐私,应该想办法回避袒护,不能有任何利用其隐私对他进行攻击或者诬陷的念头;对于处境贫寒地位低下的人,应该想方设法尊敬礼待,不能显示出一点傲慢骄横看不起人的样子。

凡一事而关人终身,纵确见实闻,不可著口;
凡一语而伤我长厚,虽闲谈酒谑,慎勿形言。

【译文】

对关系到别人一生的事情,哪怕是自己目睹、耳闻,也不能说出来;不管什么话,只要有损于自己的敦厚品格,即使喝酒闲谈,也要谨慎小心,千万不能乱说。

严著此心以拒外诱,须如一团烈火,遇物即烧;
宽著此心以待同群,须如一片阳春,无人不暖。

【译文】

严筑自己心灵的围墙,以抗拒外界邪恶事物的诱惑,应当像一团烈火那样,遇到外来的污秽立即将其焚毁;对于自己的朋友,必须宽宏大量,应当像明媚的阳光，使人人都能感受到春天般的暖意。

待己当从无过中求有过，非独进德，亦且免患；
待人当于有过中求无过，非但存厚，亦且解怨。

【译文】

对待自己要严格，应当在没有缺点的情况下找出缺点过失，这样做不只是为了修养品德，而且也能免除祸患；对待别人应当宽容，平时要从他的缺点中找出优点，这样做不只是厚道，而且还能化解怨恨。

事后而议人得失，吹毛索垢，不肯丝毫放宽，试思己当其局，未必能效彼万一；
旁观而论人短长，抉隐摘微，不留些须余地，试思己受其毁，未必能安意顺承。

【译文】

事情过后来议论别人的得失，吹毛求疵，点滴不肯放过，试想如果自己是他，恐怕做不到别人的万分之一；作为旁观者，在一旁议论别人的长短，对别人的隐私明察秋毫，不留余地，试想如果自己受了别人的诽谤，未必能平心静气地面对。

遇事只一味镇定从容，虽纷若乱丝，终当就绪；
待人无半毫矫伪欺诈，纵狡如山鬼，亦自献诚。

【译文】

一旦遇到麻烦，只要始终能镇定从容，即使事乱如麻，最终也能理出头绪；待人没有一点虚假欺骗，即使狡猾得像山鬼一样的人，最终也会被感化献出其诚心。

格言联璧

94

公生明,诚生明,从容生明。

【译文】

公正能使人明白事理,诚实能使人明白事理,从容不迫也能使人明白事理。

人好刚,我以柔胜之。

人用术,我以诚感之。

人使气,我以理屈之。

【译文】

他是个性格刚强的人,我就用柔弱来制伏他。他是个爱施心计的人,我就用真诚和善意来感化他。他是个喜欢动怒,爱发脾气的人,我就用实实在在的道理耐心地说服他。

柔能制刚,遇赤子而贲、育失其勇^①;

讷能屈辩,逢喑者而仪、秦拙于词^②。

【注释】

① 赤子:婴儿。贲(bēn),即孟贲,战国时勇士。育,即夏育,亦战国时勇士。

② 仪、秦:张仪、苏秦,皆古代辩士。

【译文】

柔能克刚,所以古代的大力士孟贲、夏育遇到小孩子时,就像力量完全消失一样,不再有用武之地;不擅长口辩的人能制伏天下辩士,即使张仪、苏秦这样的辩士,在哑巴面前,他们的辩才也无法展示,只会笨嘴拙舌。

困天下之智者,不在智而在愚。

穷天下之辩者，不在辩而在讷。
伏天下之勇者，不在勇而在怯。

【译文】

能够难倒天下既聪明又智慧的人的，不在于聪明和智慧而是愚笨和无知；能够使天下辩士理屈词穷的，不在于善辩而是木讷和沉默；能够降服天下勇士的，不在于有超人的勇力而是弱小和怯懦。

以耐事了天下之多事；
以无心息天下之争心。

【译文】

以忍耐之心来了却天下的麻烦事，用与天下无争的公心来平息天下私欲横流的纷争之心。

何以息谤？曰无辩。
何以止怨？曰不争。

【译文】

怎样才能平息别人的毁谤？不去辩白即可；怎样才能消除别人的怨恨？不去理睬即可。

人之谤我也，与其能辩，不如能容；
人之侮我也，与其能防，不如能化。

【译文】

有人毁谤我，与其与他辩解，不如予以宽容；别人侮辱我，与其提防他，不如把怨恨加以化解。

是非窝里，人用口，我用耳；

热闹场中，人向前，我落后。

【译文】

身在是非窝里，别人用嘴说，我用耳朵听；身在热闹场合，别人争着向前，我则默默退到一旁。

观世间极恶事，则一眚一慝，尽可优容；

念古来极冤人，则一毁一辱，何须计较！

彼之理是，我之理非，我让之；

彼之理非，我之理是，我容之。

【译文】

同人间极坏的事比，一点过错，一点邪恶，都可以宽容；想想历史上古往今来有多少蒙冤受屈的人，别人的一些诽谤，一些侮辱有什么可计较的呢！你有理，我无理，我让着你；你无理，我有理，我包容你。

能容小人，是大人；

能培薄德，是厚德。

【译文】

能容忍小人的人，是胸襟宽广的君子；能帮助品行差的人，是品德高尚之人。

我不识何等为君子，但看每事肯吃亏的便是；

我不识何等为小人，但看每事好便宜的便是。

【译文】

我看不出什么样的人是君子，但只要看一下他平时遇到事情经常愿

接物类

意吃亏的便是君子；我不知道什么样的人是小人，但只要看一下他平时遇到事情都喜欢占便宜的便是小人。

律身惟廉为宜，处世以退为尚。

【译文】
约束自己以廉洁为好，待人接物以退让为高。

以仁义存心，以勤俭作家，以忍让接物。

【译文】
心里不能没有仁义，持家不能不勤俭，待人接物不能不忍让。

径路窄处，留一步与人行；
滋味浓底，减三分让人尝。
任难任之事，要有力而无气；
处难处之人，要有知而无言。

【译文】
道路狭窄的地方，要留下一步以便让别人通过；味道特别浓郁的，应当留一些以便别人来尝。处理难以处理的事情，应当使出最大力量而没有任何怨气；与不好相处的人相处，应心中有数而不要说穿。

穷寇不可追也，遁辞不可攻也，贫民不可威也。

【译文】
穷途末路的敌人不要强追，支支吾吾的话不去深究，生活贫穷的人不要逼迫。

祸莫大于不仇人,而有仇人之辞色;
耻莫大于不恩人,而作恩人之状态。

【译文】

一个人最大的祸患是同人无仇,却做出一副仇人似的言语神色;一个人最大的羞耻是没有施恩于人,却摆出一副恩人的样子。

恩怕先益后损,威怕先松后紧。

【译文】

恩惠最怕开始对人有利,后来对人有害;威严最怕开始时松,后来变紧。

善用威者不轻怒,善用恩者不妄施。

【译文】

善于利用威仪的人不轻易发怒;善于施恩的人不轻易给人恩惠。

宽厚者,毋使人有所恃;
精明者,不使人无所容。

【译文】

宽厚的人不要太宽厚,使别人有所倚恃、得寸进尺;精明的人不要精明,使别人隐恶全露、无地自容。

事有知其当变,而不得不因者,善救之而已矣;
人有知其当退,而不得不用者,善驭之而已矣。

接物类

99

【译文】

知道事情将要发生变化，而不得不顺应其势的人，只是善于补救罢了；知道某个人将退职，而不得不任用他的人，只是善于驾驭罢了。

轻信轻发，听言之大戒也；
愈激愈厉，责善之大戒也。

【译文】

对别人的话轻易相信，或者轻易发火，这是听人说话的最大忌讳；劝人行善不能过于激烈，越激烈越严厉，越是难以解决，这是劝人从善的大忌。

处事须留余地，责善切戒尽言。

【译文】

处理事情应留有余地；劝人改过从善，不要把话说尽。

施在我有余之惠，则可以广德；
留在人不尽之情，则可以全交。

【译文】

尽我的能力去帮助应该帮助的人，就可以把自己的德行提高一个层次；把深厚纯真的情意留给对方，则朋友之间的友情可以天长地久。

古人爱人之意多，故人易于改过，
而视我也常亲，我之教益易行；
今人恶人之意多，故人甘于自弃，
而视我也常仇，我之言必不入。

【译文】

古人教导别人要有自重自爱之心,因此有过失的人乐于改过自新,他们亲近教导者,那么教化就易于推行;今人教导别人不是出于真心,讨厌的情绪多,所以接受教化的人就自暴自弃,仇视教导者,那么教育对方的话就很难被接受。

喜闻人过,不若喜闻己过;
乐道己善,何如乐道人善!

【译文】

喜欢打听别人的过失缺点,不如喜欢了解自己有什么过失缺点;乐于叙说自己的善行优点,不如乐于表彰宣扬别人的善行优点。

听其言,必观其行,是取人之道;
师其言,不问其行,是取善之方。

【译文】

不光听人怎么说,还必须观察这个人的行动,这是选拔人才的方法;学习别人所说的话,不过问他的行为,这是选择善言善行的正确方法。

论人之非,当原其心,不可徒泥其迹;
取人之善,当据其迹,不必深究其心。

【译文】

谈论别人的毛病,应当探究他的原来动机,不能仅仅局限于他的行为;吸取别人的长处,应当依据他的具体行为,不必对其思想动机进行深究。

小人亦有好处,不可恶其人,并没其是;

接物类

君子亦有过差，不可好其人，并饰其非。

【译文】

小人也有长处，不能因为讨厌这个人，连他的长处也加以否定；君子也有过失，不能因为喜欢这个人，而对他的缺点也进行掩饰。

小人固当远，然断不可显为仇敌；
君子固当亲，然亦不可曲为附和。

【译文】

小人固当远离，但是不能公然把他视为敌人；君子应当亲近，但也不可以丧失原则违心逢迎。

待小人宜宽，防小人宜严。

【译文】

对待小人应当宽容，防范小人应当严密。

闻恶不可遽怒，恐为谗夫泄忿；
闻善不可就亲，恐引奸人进身。

【译文】

听说恶人恶事不要马上发火，以防喜欢进谗言的人加以利用，以泄私愤；听说好人好事不可立即亲近，以防奸诈之徒弄虚作假，乘隙而入，靠近自己。

先去私心，而后可以治公事；
先平己见，而后可以听人言。

【译文】

抛开私心杂念,然后才可以公正地处理公事;成见消除之后,才可以听进去别人的话,客观地采纳别人的意见。

修己以清心为要,涉世以慎言为先。

【译文】

修养自己的身心,要抓住清心寡欲这个要点;处事首先应做到谨慎,每说一句话都要深思熟虑。

恶莫大于纵己之欲,祸莫大于言人之非。

【译文】

罪恶莫大于放纵自己的欲望,祸患莫大于揭露别人的是非。

人生惟酒色机关,须百炼此身成铁汉;
世上有是非门户,要三缄其口学金人^①。

【注释】

① 金人:铜铸的人像,喻慎言之人。

【译文】

人生的道路上有许多酒色陷阱,自己必须修行成不受诱惑的铁汉,才会不掉进深渊;世界上有许多是非的人和事,只有像金人那样三缄其口,才可以摆脱纷扰。

工于论人者,察己常阔疏;
狃于讦直者,发言多弊病。

【译文】

喜欢论人是非的人，往往省察自己粗略疏忽；习惯于攻击正直之士的人，其言论常常错误很多。

人情每见一人，始以为可亲，
久而厌生，又以为可恶，
非明于理而复体之以情，未有不割席者；
人情每处一境，始以为甚乐，
久而生厌，又以为甚苦，
非平其心而复济之以养，未有不思迁者。

【译文】

人情往往是这样的，刚开始交往时觉得亲切，时间长了，就会产生厌烦之心，又觉得可恶，不是明白事理又能体察人情的人，没有不与之断交的；人情往往是这样，每当你身处一种新的境地时，开始以为快乐，时间长了就会产生厌烦之心，又感到非常苦恼，如果不是平心静气又不断修养德行的人，没有不想再换一个新的地方的。

观富贵人，当观其气概，
如温厚和平者，则其荣必久，而其后必昌；
观贫贱人，当观其度量，
如宽宏坦荡者，则其福必臻，而其家必裕。

【译文】

观察富贵的人，应该先看他的气度，如果温厚平和，那么他的荣华富贵必然长久，后代必然兴旺；观察贫贱的人，应当先看他的器量，如果宽宏大量、心胸坦荡，那么他的福气必定来临，他的家境一定也会富裕起来。

宽厚之人，吾师以养量。

缜密之人，吾师以炼识。

慈惠之人，吾师以御下。

俭约之人，吾师以居家。

明通之人，吾师以生慧。

质朴之人，吾师以藏拙。

才智之人，吾师以应变。

缄默之人，吾师以存神。

谦恭善下之人，吾师以亲师友。

博学强识之人，吾师以广见闻。

【译文】

遇到性情宽厚的人，我就学习他的修养度量。遇到思维缜密言行谨慎的人，我就学习他的练达与见识。遇到慈祥多恩的人，我就学习他的仁爱与慈祥。遇到勤俭节约的人，我就学习他的持家思想。遇到明白通理之人，我就学习他的智慧与知识。遇到纯朴之人，我就学习他的谦虚品格。遇到有才有智的人，我就学习他的因时通变灵活处事。遇到缄默不言的人，我就学习他三缄其口从不泄密的本事。遇到谦虚恭谨善于待下的人，我把他当作我学习亲近师友的榜样。遇到博闻强记的人，我就认真学习他的博见广闻。

居视其所亲，富视其所与，达视其所举，

穷视其所不为，贫视其所不取。

【译文】

居家，看他所亲近的人怎么样；如果他很富有，看他帮助救济的都是些什么人；如果他地位显达，看他举荐的都是些什么人。处境困难，看他的具体行为，已经做了些什么事，不做什么事；家境贫穷，看他什么收取，什么不收取。

取人之直,恕其戆。
取人之朴,恕其愚。
取人之介,恕其隘。
取人之敬,恕其疏。
取人之辩,恕其肆。
取人之信,恕其拘。

【译文】

看重人的直爽的性格时,就要宽恕他的憨痴。看重人的纯厚朴实时,就要宽恕他的愚笨。看重人的耿介时,就要宽恕他狭隘的一面。看重人的恭敬时,就要宽恕他疏漏的一面。看重人的辩才时,就应宽恕他放肆的一面。看重人的诚信品德时,就要宽恕他拘谨的一面。

遇刚鲠人,须耐他戾气。
遇骏逸人,须耐他妄气。
遇朴厚人,须耐他滞气。
遇佻达人,须耐他浮气。

【译文】

遇到刚强耿直的人,应忍耐他的暴躁。遇到俊逸潇洒的人,应忍耐他的狂妄。遇到纯朴厚道的人,应忍耐他的迟钝。遇到佻达轻薄之人,应忍耐他的虚浮。

人褊急,我受之以宽宏;
人险仄,我平之以坦荡。

【译文】

遇到狭隘急躁的人,我用宽宏大量来接受他;遇到险诈之人,我用坦荡之心来对待他。

奸人诈而好名，他行事有确似君子处；
迂人执而不化，其决裂有甚于小人时。

【译文】

奸诈狡猾的人喜欢名声，所以他做事也确实有很像君子的地方；迂腐的人不知变通，他的固执不化有时比小人更厉害。

持身不可太皎洁，一切污辱垢秽，要茹纳得；
处世不可太分明，一切贤愚好丑，要包容得。

【译文】

修身不能过于洁白和纯净，一切污秽诟病，应该都能容纳承受；处理事情不能分得太清，一切贤愚美丑，应该都能包容进去。

宇宙之大，何物不有？使择物而取之，
安得别立宇宙，置此所舍之物？
人心之广，何人不容？使择人而好之，
安有别个人心，复容所恶之人？

【译文】

在这个广漠的世界上，什么东西没有？假如择取自己有用之物，怎么能建立另外一个世界，把现实世界上无用的东西全部放置在那里？人心之宽广，什么不能包容？假使只与自己选择的所喜欢的人亲近，怎么能有另外一个人心容纳自己所厌恶的人？

德盛者，其心和平，
见人皆可取，故口中所许可者多；
德薄者，其心刻傲，
见人皆可憎，故目中所鄙弃者众。

品德高尚的人，心气平和，凡是他所遇到的都先考虑别人的优点和长处，所以被称赞的人很多；品德低劣的人，心性刻薄，见人就觉得面目可憎，因此，世界上被他看不起的人占多数。

律己宜带秋风，处世须带春风。

【译文】

自我约束要像凛冽的秋风一样严厉，为人处世要像春风一样温和。

善处身者，必善处世；不善处世，贼身者也。
善处世者，必严修身；不严修身，媚世者也。

【译文】

注重修养身心的人，一定善于处世；不善于处世，就会给修养身心带来诸多不利。善于处世的人，必然严于修身养性；不严于修身养性，则会成为随波逐流的人。

爱人而人不爱，敬人而人不敬，君子必自反也；
爱人而人即爱，敬人而人即敬，君子益加谨也。

【译文】

我爱别人而别人不以爱心爱我，我敬重别人而别人不敬重我，遇到这样的情况，君子必须认真反省；我爱别人，别人亦以爱心对我，我敬重别人，别人亦对我敬重，这时君子对自己的言行则应该更加谨慎。

人若近贤良，譬如纸一张。
以纸包兰麝，因香而得香。
人若近邪友，譬如一枝柳。

以柳贯鱼鳖，因臭而得臭。

【译文】

一个人如果能够和贤良之士接近，就好像一张白纸内包裹兰花、麝香一样，白纸本身也会发出香气。一个人如果结交邪恶之友，就好像一枝柳条穿贯过鱼鳖一样，柳条本身也会带有臭味。

人未己知，不可急求其知；
人未己合，不可急与之合。

【译文】

别人不了解自己，不要急于让他了解；别人与自己意见不合，不要急于与对方交为好友。

落落者难合，一合便不可离；
欣欣者易亲，乍亲忽然成怒。

【译文】

喜欢孤独的人很难和他相交，但只要相交了，一生的友谊确立很难分离；喜欢热闹的人很容易接近，但亲近容易，结怨也会在忽然之间。

能媚我者，必能害我，宜加意防之；
肯规予者，必肯助予，宜倾心听之。

【译文】

能对我巴结献媚的人，一定也会害我，所以应该严加防范并且时时刻刻保持警惕；经常对我规劝的人，最后必定会帮助我，所以应当全心全意听从他的忠告。

接物类

出一个大伤元气进士，
不如出一个能积阴德平民；
交一个读破万卷邪士，
不如交一个不识一字端人。

【译文】

出一个大伤人世元气的高官，不如出一个能积阴德的老实平民；与
一个读书万卷的邪恶之人结交，不如结交一个没文化但品行端正之人。

无事时，埋藏著许多小人；
多事时，识破了许多君子。

【译文】

平安无事的时候，小人隐藏很深，一时辨别不出；身处危难之时，便
能识破许多君子的真实面目。

一种人难悦亦难事，只是度量褊狭，不失为君子；
一种人易事亦易悦，这是贪污软弱，不免为小人。

【译文】

有一种人既难以取悦也难于同他共事，只是度量狭小，然而并非不
是君子；有一种人既容易与他共事又易于取悦，但他贪婪软弱，不免是个
小人。

大恶多从柔处伏，慎防绵里之针；
深仇常自爱中来，宜防刀头之蜜。

【译文】

大罪恶多隐藏在阴柔之中，要小心防范隐藏在丝绵里的针一样的谨

慎;深仇大恨往往因爱而生,因此要防范涂在刀刃上的蜜一样的小心。

　　惠我者小恩,携我为善者大恩;
　　害我者小仇,引我为不善者大仇。

【译文】

　　对我施惠的是小恩,引导我从善积德的是大恩;害我的是小仇,引诱我做坏事的是大仇。

　　毋受小人私恩,受则恩不可酬。
　　毋犯士夫公怒,犯则怒不可救。

【译文】

　　不要收受小人的私恩,收受了就永远报答不完;不要触犯士人的公愤,冒犯了就难以找出补救的良策。

　　喜时说尽知心,到失欢须防发泄;
　　恼时说尽伤心,恐再好自觉羞惭。

【译文】

　　感情好时说尽知心话,感情不好时应当防范用以发泄私愤;生气时说了很多伤心话,恐怕到了和好时,自己心中都觉得自感羞愧。

　　盛喜中勿许人物,
　　盛怒中勿答人柬。

【译文】

　　大喜的时候,不要对人做出许诺;极恼怒的时候,对别人的问话不要做出回答。

顽石之中,良玉隐焉。
寒灰之中,星火寓焉。

【译文】

杂乱的顽石中,有美玉藏于其间;寒冷的灰烬中,依然有星火存在。

静坐常思己过,闲谈莫论人非。

【译文】

　静坐的时候应该想想自己有什么错误,闲谈时不要议论别人的毛病和过失。

对痴人莫说梦话,防所误也;
见短人莫说矮话,避所忌也。

【译文】

　对痴迷的人不要说那些不现实的话,以防他信以为真,生出事端;遇到身材矮小的人,不要说那些有关矮字的话,以避免他所忌讳或生气的事。

面谀之词,有识者未必悦心;
背后之议,受憾者常至刻骨。

【译文】

　当面奉承的话,有见识的人听后未必喜欢;背后议论他人,被议论者知道后常恨之入骨。

攻人之恶毋太严,要思其堪受;
教人以善毋过高,当使其可从。

【译文】

责备别人不要太过严厉,应考虑他的承受能力;教育别人从善要求不要过高,应当使他能够听从并且有地方下手。

互乡①童子则进之,开其善也;
阙党②童子则抑之,勉其学也。

【注释】

① 互乡:地名,一说在山东滕县东二十三里。《论语·述而》有"互乡难与言"之句。

② 阙党:相传孔子授徒的地方在洙、泗之间的阙里,在阙里从孔子受学的生徒谓之阙党。阙里的童子指文化素质高的阙党子女,亦即指出身书香门第的子女。

【译文】

对于没有教养的平民子女,应当激励他上进,开导他一生当好人做善事;对于出身书香门第平时就得到教育的孩子,应当抑制他们的骄傲之气,以勉励他们更加努力地学习。

不可无不可,一世之识;
不可有不可,一人之心。

【译文】

人一生的见识,应该是世界上有不可做和没有不可做的事情;至于一个人的想法,则应该是世界上不可以存在不可以做的事情。

事有急之不白者,缓之或自明,毋急躁以速其戾;
人有操之不从者,纵之或自化,毋操切以益其顽。

接物类

113

事情有紧急一时弄不明白的,缓一缓或许自己就会清楚,不要匆忙处理,以免因弄错真相而误事;人有不服从命令或不听上级指挥的,暂时不去制伏他,也许他会自己醒悟,不要因急于处置而增加其对立情绪。

遇矜才者,毋以才相矜,
但以愚敌其才,便可压倒;
遇炫奇者,毋以奇相炫,
但以常敌其奇,便可破除。

【译文】

遇到自持才高的人,不要用才学和他相比,只要用假装愚笨的办法与他的才能抗衡,便可以立即将他制伏;遇到喜欢炫耀新奇的人,不要用奇特东西同他比较,只要用平常的东西与他新奇的东西对比,便可以将他的炫耀之心立即除去。

直道事人,虚衷御物。

【译文】

待人用坦诚直率之心,驾驭万物则用虚怀无偏见之心。

岂能尽如人意,但求不愧我心。

【译文】

岂能事事尽如人意,只求无愧于自己的良心就可以了。

不近人情,举足尽是危机;
不体物情,一生俱成梦境。

一个人做事不近人情,无论他走到哪里都会遇到危机;一个人如果不体察物情,无论他如何努力,他的理想都将成为虚幻的梦境。

己性不可任,当用逆法制之,其道在一忍字;
人性不可拂,当用顺法调之,其道在一恕字。

【译文】

一个人不可以放任自己的心性,制止任性应该使用逆反的方法,其关键在于一个"忍"字;人性千万不可违背,一旦发现违背人性的事情,应当用顺应的方法去调理,其原则在于一个"恕"字。

仇莫深于不体人之私,而又苦之;
祸莫大于不讳人之短,而又讦之。

【译文】

人世间最深的仇恨莫过于不体恤别人的隐私,而又利用其隐私对他进行折磨;最大的祸患莫过于不避讳别人的短处,而又在公开的场合利用其短处对他进行攻击。

辱人以不堪必反辱,伤人以已甚必反伤。

【译文】

侮辱别人太过分,使其不堪忍受,结果则必反受其辱;伤害别人太过分,使其不堪忍受,结果则必反受其伤害。

处富贵之时,要知贫贱的痛痒;
值少壮之日,须念衰老的辛酸。

接物类

【译文】

当自己处于富贵的处境时，应该知道贫苦人的困难和烦恼，并且尽力给予施舍和帮助；当自己年轻力壮时，应该想到衰老时的悲哀和辛酸。

入安乐之场，当体患难人景况；
居旁观之地，务悉局内人苦心。

【译文】

进入安乐场中，一定要想着处在患难景况中的人们；一个人如果处于旁观者的地位，那么考虑问题一定要考虑局内人的苦衷。

临事须替别人想，论人先将自己想。

【译文】

遇到事情应该先替别人着想，议论人的是非应该先把自己包括进去。

欲胜人者先自胜，欲论人者先自论，
欲知人者先自知。

【译文】

想要战胜别人，应该先战胜自己；想要评价别人，应当先议论一下自己；想要了解别人，应该先了解自己。

待人三自反，处世两如何。

【译文】

待人须每天不断地自我反省，处世应该反复思量。

待富贵人,不难有礼而难有体;
待贫贱人,不难有恩而难有礼。

【译文】

对待富贵的人,做到有礼容易,做到得体却很难;对待贫贱的人,进行施舍容易,而做到礼节周全却很难。

对愁人勿乐,对哭人勿笑,对失意人勿矜。

【译文】

面对愁苦的人不要表现出快乐的神色,面对伤心哭泣的人不要发笑,面对失意的人不要表现出夸耀的样子。

见人背语,勿倾耳窃听。
入人私室,勿侧目旁观。
到人案头,勿信手乱翻。

【译文】

发现有人在背后窃窃私语,千万不要倾耳偷听。进入别人的卧室,不能东张西望。到别人的书房,不要乱翻别人东西。

不蹈无人之室,不入有事之门,不处藏物之所。

【译文】

屋里没有人的房间不要轻易进去,有是非之争的地方一般不要进入,在储藏物品的地方最好不要停留。

俗语近于市,纤语近于娼,诨语近于优。

【译文】

粗鄙的言语乃是市井中人所说,纤细乖巧的话语乃是娼妓们所说,嬉戏逗乐的话语乃是唱戏人所说。

闻君子议论,如啜苦茗,
森严之后,甘芳溢颊;
闻小人诌笑,如嚼糖霜,
爽美之后,寒沍凝胸。

【译文】

听君子议事论人,如同品尝苦茶,苦味过后,甜香流溢满口;听小人诌媚的话语,如同咀嚼糖霜,美味过后,寒冷之气凝聚胸中。

凡为外所胜者,皆内不足;
凡为邪所夺者,皆正不足。

【译文】

凡是被外物战胜的人,都是由于自身内气修炼不足而造成的;凡是被邪气压倒的人,都是由于自身正气不足而造成的。

存乎天者,于我无与也;
穷通得丧,吾听之而已。
存乎我者,于人无与也;
毁誉是非,吾置之而已。

【译文】

人的命运是上天决定的,个人无法改变;其穷困通达得失,只能听之任之。至于对具体的事情如何处理,这是由我自己决定的,与别人无关;毁谤赞誉与是非,对它还是置之不理为佳。

小人乐闻君子之过，君子耻闻小人之恶。

【译文】

小人喜欢打听君子的过失，君子听到小人的恶行后，为他们感到羞耻。

慕人善者，勿问其所以善，
恐拟议之念生，而效法之念微矣；
济人穷者，勿问其所以穷，
恐憎恶之心生，而恻隐之心泯矣。

【译文】

学习别人的善行，不要问其行善的原因，因为这样做恐怕会引起对行善人的怀疑，从而会使效法行善人的念头逐渐减少；想去救济穷困之人，不要询问被救济者穷困的原因，因为这样做可能引起对被救济者的憎恶，从而导致恻隐之心随之泯灭的结果。

时穷势蹙之人，当原其初心；
功成名立之士，当观其末路。

【译文】

对于时运不济的人，应当探究他的本初之心；对于功成名就的人，应当观察他的结局。

踪多历乱，定有必不得已之私；
言到支离，才是无可奈何之处。

【译文】

经历许多坎坷挫折之人，一定会有迫不得已无法倾诉的隐衷；话未说完而无法继续说下去,肯定说到了无可奈何之处。

惠不在大,在乎当厄;
怨不在多,在乎伤心。

【译文】

恩惠不在大小,在于被救者当时是否处于危境;与别人结怨不在于伤害他的次数多少,而在于是否伤着了别人的心。

毋以小嫌疏至戚,毋以新怨忘旧恩。

【译文】

不要因为一点小小的嫌隙而疏远亲友,不要因为一点小小的过节而忘记旧有的恩情。

两悔无不释之怨,两求无不合之交,
两怒无不成之祸。

【译文】

两个人都诚心悔过,就没有不可消除的积怨;两个人都有相互交往的要求,那就没有不可以和好的友情;两个人相互埋怨发怒,那么两个人之间就会没有酿不成的祸患。

古之名望相近则相得,
今之名望相近则相妒。

【译文】

古代名望相当的人能够和睦相处,现在名望相当的人则相互嫉妒。

齐家类

勤俭,治家之本。和顺,齐家之本。
谨慎,保家之本。诗书,起家之本。
忠孝,传家之本。

【译文】

　　勤奋节俭,是经营家庭的根本。和睦安顺,是治理家庭的根本。谨慎小心,是保持家庭的根本。读书勤学,是振兴家庭的根本。忠孝道德,是家庭传承的根本。

天下无不是底父母,世间最难得者兄弟。

【译文】

对于子女而言,没有错误的父母,世上最难得的是亲如手足的兄弟。

以父母之心为心,天下无不友之兄弟。
以祖宗之心为心,天下无不知之族人。
以天地之心为心,天下无不爱之民物。

【译文】

　　将父母爱护子女的心当作自己的心,天下就不会有不友爱的兄弟。将祖宗关怀后嗣的心当作自己的心,天下就不会出现不和睦的族人。将天地生育万物的心当作自己的心,那么天下就不会没有不值得去爱的人和事。

人君以天地之心为心，

人子以父母之心为心，

天下无不一之心矣；

臣工以朝廷之事为事，

奴仆以家主之事为事，

天下无不一之事矣。

【译文】

作为一国之君主应该把天地之心当作自己的心，身为人子的应该把父母之心当作自己的心，那么天下人就不会出现想法不统一的心了；做臣子的应该把朝廷中的事当成自己的事，做奴仆的应该把主人的事当成自己的事，那么就不会出现三心二意办不成的事情了。

孝莫辞劳，转眼便为人父母；

善毋望报，回头但看尔儿孙。

子之孝，不如率妇以为孝，妇能养亲者也。

公姑得一孝妇，胜如得一孝子。

妇之孝，不如导孙以为孝，孙能娱亲者也。

祖父得一孝孙，又增一辈孝子。

【译文】

孝顺父母不要害怕苦和累，转眼间自己又成为别人的父母；做好事不要想着得到回报，回头看一下自己的儿孙便知已得到报答。儿子孝顺，不如儿子教育媳妇孝顺，媳妇侍奉双亲比儿子更周到。公婆如能得到一位孝顺媳妇，比得到一个孝顺儿子还强。媳妇孝顺，不如教导孙子使他也像父母那样孝顺，因为孙子能使祖父祖母快乐。如果祖父有一个孝顺孙子，就又增添了一代孝子。

父母所欲为者，我继述之；

父母所重念者,我亲厚之。

【译文】

父母想做却没能做的事,我继续努力去做;父母所思念看重的人,我应以亲人视之并且设法去亲近厚待他。

婚而论财,究也夫妇之道丧。
葬而求福,究也父子之恩绝。

【译文】

婚姻之事只论钱财,不仅背离了互敬互爱的夫妇之道,而且会使它最终丧失。办理丧事而祈求赐福保佑,最终会使父子之间恩断义绝,骨肉亲情消失。

君子有终身之丧,忌日是也;
君子有百世之养,邱墓是也。

【译文】

品德高尚的君子应在祭日终身服丧,祖先的坟墓是君子延续宗族的凭证。

兄弟一块肉,妇人是刀锥。
兄弟一釜羹,妇人是盐梅。

【译文】

兄弟如同一块肉,悍妻如同锥和刀,任她剁割。兄弟好似一锅汤,贤妻好似调味品,能使兄弟和睦相处。

兄弟和,其中自乐;

子孙贤,此外何求!

【译文】

兄弟和睦,就会自得其乐;子孙孝贤,除此之外还有什么奢求呢!

心术不可得罪于天地,
言行要留好样与儿孙。

【译文】

心中所想不能违反天地自然之意,平日的言谈举止都要给儿孙留个榜样。

现在之福,积自祖宗者,不可不惜;
将来之福,贻于子孙者,不可不培。
现在之福如点灯,随点则随竭;
将来之福如添油,愈添则愈明。

【译文】

现在的福气是由祖宗积留的,不能不倍加珍惜;将来的福气是要留给子孙后代的,不能不培养积累。现在的福气如同点灯,灯油终会枯竭;将来的福气如同给灯添油,添得越多灯光就会越加持久明亮。

问祖宗之泽,吾享者是,当念积累之难;
问子孙之福,吾贻者是,要思倾覆之易。

【译文】

要问祖宗所留的福泽在什么地方,我现在享受的便是,应当体念祖宗当年积累福泽的艰辛和困难;要问为子孙留下的福祉在什么地方,我所遗留的就是,要想到它的消失或者用尽是很容易的。

格言联璧

要知前世因，今生受者是，

吾谓昨日以前，尔祖尔父，皆前世也；

要知后世因，今生作者是，

吾谓今日以后，尔子尔孙，后世也。

【译文】

要想知道什么是前世之因，当前你所承受的便是。我认为昨天以前，你祖父、父亲都算是前世；要想知道什么是后世之因，今生即现在你正在做着的便是。我认为从今天始，你的儿子、孙子都是后世。

祖宗富贵，自诗书中来，

子孙享富贵，则弃诗书矣；

祖宗家业，自勤俭中来，

子孙享家业，则忘勤俭矣。

【译文】

祖宗的富贵是从苦读诗书中得来的，然而子孙只知享受祖宗恩泽，却把诗书学问一概抛弃；祖宗的家业是从勤俭中积累下来的，但是子孙享受这些家业时，却把勤俭忘得一干二净。

近处不能感动，未有能及远者。

小处不能调理，未有能治大者。

亲者不能联属，未有能格疏者。

一家生理不能全备，未有能安养百姓者；

一家子弟不率规矩，未有能教诲他人者。

【译文】

自己的德行连身边的人都不能感化，那么怎么能感化远处的其他人呢？连身边的琐碎小事都处理不好，怎么能处理好有关家庭、国家命运的大事呢？连自己亲密的人都不能和睦相处,怎么能和疏远的人建立和谐的友好关系呢？一家的生活都安排不好,想去安定国家造福百姓是不可能的;连自家的子弟都不懂礼貌不守规矩,想去教育别人也是不可能的。

至乐无如读书,至要莫如教子。

【译文】

人世间最大的快乐莫过于读书,最重要的事情莫过于教育子女。

子弟有才,制其爱,毋弛其诲,故不以骄败。
子弟不肖,严其诲,毋薄其爱,故不以怨离。

【译文】

如果子弟有才能,千万不能对他一味地溺爱,更不能放松对他的教育和严格要求,只有这样做,才不会使他长大后因骄傲而品行败坏。如果子女愚顽无志难于成才的,必须严加教育,然而千万不能歧视,或者减少对他们的关怀和爱护,只有这样做,他们才不会因怨恨而远离。

雨泽过润,万物之灾也。
恩宠过礼,臣妾之灾也。
情爱过义,子孙之灾也。

【译文】

雨水过多,反而成为万物的灾害。恩惠过度超过了礼节,是大臣和婢妾的灾祸。宠爱过分有乖于义,对子孙来说不仅没有益处,反而会成为一种灾害。

安详恭敬,是教小儿第一法;公正严明,是做家长第一法。

【译文】

安详恭敬,是教育孩子最重要的原则;公正严明,是为人父母应该遵守的第一要义。

人一心先无主宰,如何整理得一身正当?

人一身先无规矩,如何调剂得一家肃穆?

融得性情上偏私,便是大学问;

消得家庭中嫌隙,便是大经纶。

【译文】

如果一个人的心中没有一个终生为之奋斗的坚定信仰,那么将如何修养出自己的高尚品德?如果一个人的言行不符礼仪规矩,那么怎能把自己的家庭治理得井井有条,端庄严肃?一个人如果能做到胸怀宽广,能与性格各异的人和睦相处,这是一种大学问;能够消除家庭中的隔阂,做到和谐相处,同样也是一种大学问。

遇朋友交游之失,宜剀切 ①,不宜游移;

处家庭骨肉之变,宜委曲,不宜激烈。

【注释】

① 剀(kǎi)切:切实,切中要理。

【译文】

对待朋友所犯的过失,应切实指出,并以理劝谏,不要犹豫不决,更不能三心二意;遭逢家庭变故,应当委婉曲折,委婉平和地处理,千万不能过激。

未有和气萃焉,而家不吉昌者;

未有戾气结焉,而家不衰败者。

齐家类

127

没有和睦气氛聚集而家庭不昌盛发达的,没有暴戾之气集结而家庭不衰落朽败的。

闺门之内不出戏言,则刑于之化^①行矣。
房帷之中不闻戏笑,则相敬之风著矣。

【注释】

① 刑于之化:形容夫妇和睦。刑通"型",示范。《诗·大雅·思齐》:
"刑于寡妻,至于兄弟,以御于家邦。"

【译文】

在门庭之内听不到轻薄的戏言,那么可以说明夫妻关系协调和睦;
在床榻之上听不到互相调笑之声,说明相敬如宾的家风已经形成。

人之于嫡室也,宜防其蔽子之过;
人之于继室也,宜防其诬子之过。

【译文】

对于原配妻子,应防止她庇护子女的过失;对于再娶的继室,应防止
她诬赖前妻子女犯有过失。

仆虽能,不可使与内事;
妻虽贤,不可使与外事。

【译文】

不管奴仆多么能干,也不能让他介入家庭内部的事;不管妻子多么
贤惠,也不能让她参与家庭之外的事。

奴仆得罪于我者尚可恕,

格言联璧

128

得罪于人者不可恕；

子孙得罪于人者尚可恕，

得罪于天者不可恕。

【译文】

奴仆得罪了我还是可以宽恕的，但是，如果得罪了外人则是不能宽恕的。子孙得罪了别人可以宽恕，然而，言行违背了天理则是不可恕的。

奴之不祥，莫大于传主人之谤语；

主之不祥，莫大于行仆婢之谮言。

【译文】

对于仆人，最不能容忍的是他传播对主人指责别人的话语；对于主人，最不能原谅的是他喜欢依据奴仆的谮言来对人进行处置。

治家严，家乃和；

居乡恕，乡乃睦。

治家忌宽，而尤忌严；

居家忌奢，而尤忌啬。

【译文】

家政只有严厉，家庭成员才能和睦；居于乡里，只有宽宏待人，乡里才能和谐相处。然而治家既不能过于宽大，更不能过于严厉；居家过日子既不能奢侈，更不能过于吝啬。

无正经人交接，其人必是奸邪；

无穷亲友往来，其家必然势利。

【译文】

没有笃实不欺的正经人与之结交,这个人必然是个奸邪之人;没有穷亲友与其往来,这个家必然是势利之家。

日光照天,群物皆作,人灵于物,寐而不觉,是谓天起人不起,必为天神所谴,如君上临朝,臣下高卧失误,不免罚责。

夜漏三更,群物皆息,人灵于物,烟酒沉溺,是谓地眠人不眠,必为地祇所呵,如家主欲睡,仆婢喧闹不休,定遭鞭笞。

【译文】

太阳初升,天下万物开始苏醒,人乃万物之灵,如果睡到天亮而不起,所谓天起而人不起,必会受到上天的惩处,犹如君王早朝而臣子因贪睡而误事,为此遭到责罚是必然的。

三更半夜,天地沉睡。而作为万物之灵的人却因为沉湎于吸烟喝酒而寻欢作乐,所谓地眠人不眠,最后受到地神的责罚也是不可避免的,就像主人想睡觉而奴仆却吵闹不休一样,受到鞭打是应该的。

楼下不宜供神,虑楼上之亵秽;

屋后必须开户,防屋前之火灾。

【译文】

楼房的下层不应该供奉神位,因为上面的污秽可能落下玷污他们;留在屋后的门窗应该打开,以备屋前失火时从后门逃生。

从政类

眼前百姓即儿孙，莫谓百姓可欺，
　且留下儿孙地步；
堂上一官称父母，漫道一官好做，
　还尽些父母恩情。

【译文】

在你管辖地方的百姓就是你的儿孙，不要以为他们软弱可欺，要为他们着想，施以恩惠，并为他们的生活留下充分的余地；百姓把堂上坐的官称作父母官，不要认为一个父母官可以随便当好，要尽量尽到父母官的责任，对待百姓还应多尽一些父母般的恩情。

善体黎庶情，此谓民之父母；
广行阴骘事，以能保我子孙。

【译文】

能体恤百姓疾苦，才能称之为父母官；多做些积阴德的事，以保佑子孙后代平安吉祥。

封赠父祖，易得也；无使人唾骂父祖，难得也。
恩荫子孙，易得也；无使我毒害子孙，难得也。

【译文】

使祖父、父亲受到封赏还是比较容易的，而做到使别人不唾骂祖父、父亲就比较难。为子孙积些福荫比较容易，而不使子孙倚仗权势、反受其害就比较难。

洁己方能不失己,爱民所重在亲民。

【译文】
洁身自爱才能保持住自己的节操和名望,爱护百姓的关键在于亲近百姓。

朝廷立法不可不严,有司行法不可不恕。

【译文】
朝廷制定法律是应该严厉的,而官吏执行时却仍然需要宽恕之心。

严以驭役而宽以恤民,极于扬善而勇于去奸,缓于催科而勤于抚字。

【译文】
对差役小吏要严加约束,对平民百姓要宽容体恤。对善行要积极表彰鼓励,对奸人要果断驱除清理。催交赋税不要过急,和缓推进,对百姓疾苦要尽快解决,及时抚育。

催科不扰,催科中抚字;
刑罚不差,刑罚中教化。

【译文】
催征赋税不能使百姓受到惊扰,而且在催征中使他们受到安抚;偶尔使用刑罚千万不能出现差错,须在执行过程中对百姓施以教化。

刑罚当宽处即宽,草木亦上天生命;

财用可省时便省,丝毫皆下民脂膏。

【译文】

使用刑罚时能宽大处理的地方就宽恕一些,连小草和树木的生命也是上天赋予的;财物费用该节省就节省,因为一丝一毫都是民脂民膏。

居家为妇女们爱怜,朋友必多怒色;
做官为衙门人欢喜,百姓定有怨声。

【译文】

生活上只图妻子儿女欢心,那么朋友们一般都会有不满;做官的只被衙门里的人喜欢,那么百姓自然会怨声载道。

官不必尊显,期于无负君亲;
道不必博施,要在有裨民物。
禄岂须多,防满则退;
年不待暮,有疾便辞。
天非私富一人,托以众贫者之命;
天非私贵一人,托以众贱者之身。

【译文】

做官不一定非要尊贵显达,只要不辜负朝廷和父母就行;道义也不必广施,只要有益于民生就可以。做官的俸禄不一定太多,够养老就应该感到幸运。致仕不需要等到年老,有病了就可以辞官隐退。上天并非只使一个人富有,是众多贫困者的命运衬托的结果;上天并非只使一个人尊贵,是众多普通百姓身份的衬托才成这样的。

住世一日,要做一日好人;
为官一日,要行一日好事。

从政类

在世间活一天,就要做一天好人;在朝廷中做一天官,就要做一天好事。

贫贱人栉风沐雨,万苦千辛,
自家血汗自家消受,天之鉴察犹恕;
富贵人衣税食租,担爵受禄,
万民血汗一人消受,天之督责更严。

【译文】

贫苦的人终日在风雨中东奔西走,千辛万苦,自己食用自己用血汗换来的衣食,因此上天看到了也会生出怜悯之心;而富贵之人的衣食来自租税,做官的人享用朝廷俸禄,他们的衣食住行都是百姓用自己的血汗供养,因此上天对他们的监督责罚更加严厉。

平日诚以治民,而民信之,
则凡有事于民,无不应矣。
平日诚以事天,而天信之,
则凡有祷于天,无不应矣。

【译文】

平日诚心诚意对待百姓,百姓对他就会信任,一旦有事要求百姓去做,百姓就会欣然应命;平时以虔诚之心对待上天,上天对他就会信任,只要有事祷告上天,上天就会没有不答应的。

平民肯种德施惠,便是无位底卿相;
士夫徒贪权希宠,竟成有爵底乞儿。

平民百姓只要肯积德行善,他便是一个没有官位的卿相;当官的一旦只知贪权邀宠,他就会成为有官位的乞儿。

无功而食,雀鼠是已;
肆害而食,虎狼是已。

【译文】

无功于民而徒食俸禄,这样的为官者就像老鼠、麻雀那样;肆意残害百姓而食用俸禄,这样的为官者则是凶猛的虎狼。

毋矜清而傲浊,毋慎大而忽小,毋勤始而怠终。

【译文】

做官的人不要自以为清高而傲视那些所谓的浊流,不能只谨慎处理大事而忽略小事,不要只重视事业的开始而懈怠于结尾。

勤能补拙,俭以养廉。

【译文】

勤劳能够弥补笨拙,节俭有利于培养廉洁的品格。

居官廉,人以为百姓受福,
予以为锡福于子孙者不浅也,
曾见有约己裕民者,后代不昌大耶?
居官浊,人以为百姓受害,
予以为贻害于子孙者不浅也,
曾见有瘠众肥家者,历世得久长耶?

从政类

135

【译文】

官吏廉洁,一般人都认为是百姓的福气,我认为除了百姓有福气,他自己的子孙也受益匪浅,谁见过自己俭约而厚待百姓的官员,他们的后代有不兴旺发达的吗?贪官污吏,一般人都认为是百姓受害,但我认为除了百姓受害之外,他们的子孙也受害很深,谁见过压迫百姓而厚待自家的官员,他们的后代能保持久长的吗?

以林皋安乐懒散心做官,未有不荒怠者;

以在家治生营产心做官,未有不贪鄙者。

【译文】

以山野隐居安乐懒散之心做官,政事没有不因为官员懈怠而荒废的;用为自己家经营产业的心理做官,没有不是品格低下而贪婪卑鄙的。

念念用之君民,则为吉士。

念念用之套数,则为俗吏。

念念用之身家,则为贼臣。

【译文】

一心只想为君王和百姓尽力的人,则可称为正直的人。只想循规蹈矩按套路办事的官员,可称之为庸吏或俗吏。一心只为自己的利益着想的官员,则可以称之为贼臣。

古之从仕者养人,

今之从仕者养己。

古之居官也,在下民身上做工夫,

今之居官也,在上官眼底做工夫。

古代从政的官员安养百姓,当今从政的官员只关心自己。古代从政的官员在如何造福百姓方面下功夫,当今从政的官员只在上司眼皮底下下功夫。

在家者不知有官,方能守分;
在官者不知有家,方能尽分。

【译文】

在家的人不知道家里有人在外面做官,才能始终坚持一个平民应有的本分;在外面当官的人不知道自己有家,才能心无私念尽职尽责。

君子当官任职,不计难易,
而志在济人,故动辄成功;
小人苟禄营私,只任便安,
而意在利己,故动多败事。

【译文】

君子出仕任职,不计较地位的高低,职务的难易,其志向只在于如何帮助百姓,所以往往能够成功;小人出仕只是为了苟取俸禄谋取私利,只做那些容易而且没有风险的事情,目的只在有利于自己,所以往往失败。

职业是当然底,每日做他不尽,莫要认作假;
权势是偶然底,有日还他主者,莫要认作真。

【译文】

职业应该是努力去做的,即使每天做不完也要认真去做,不要把它当成可做可不做的假东西;权势则是一种偶然的东西,他日说给别人就给别人,所以在心里不要太认真。

从政类

一切人为恶,犹可言也,惟读书人不可为恶。

读书人为恶,更无教化之人矣。

一切人犯法,犹可言也,惟做官人不可犯法。

做官人犯法,更无禁治之人也。

【译文】

任何人做坏事都有情可原,唯有读书人不可做坏事。如果读书人做坏事,那么天下就没有可以教化百姓的人了。任何人犯法都是可以理解的,唯独做官的人不许犯法。如果做官的人犯法,那么就没有可以执法的人了。

士大夫济人利物,宜居其实,

不宜居其名,居其名则德损;

士大夫忧国为民,当有其心,

不当有其语,有其语则毁来。

【译文】

从政的人救世济民为群众办实事应注重实效,不应该只图虚名,只图虚名的结果,会使自己的德行受到损失。从政的人忧国忧民要出自真心,不应该只在嘴上说说而已,如果只在嘴上说说,不付诸行动,将来会不可避免地遭到毁谤。

以处女之自爱者爱身,

以严父之教子者教士。

执法如山,守身如玉,

爱民如子,去蠹如仇。

【译文】

应像处女爱护自己身体那样自爱,应像严父教育子女那样教育自己的学子。执法如山,守身如玉,爱民如子,疾恶如仇。

陷一无辜,与操刀杀人者何别?
释一大憝,与纵虎伤人者无殊!

【译文】

陷害一个无辜的人,与直接持刀杀人有什么两样?无故放走一个大恶人,与纵虎伤人的做法有什么不同?

针芒刺手,茨棘伤足,举体痛楚,
刑惨百倍于此,可以喜怒施之乎!
虎豹在前,坑阱在后,百般呼号,
狱犴何异于此,可使无辜坐之乎!

【译文】

用针尖刺手指,用荆棘扎足部,全身都疼痛难忍,而酷刑比之残酷百倍,怎么能随便施及于人身呢?虎豹在前,陷阱在后,恐惧得百般呼叫,这跟被囚禁有什么两样呢?执法者不能把无辜的人关进牢狱!

官虽至尊,决不可以人之生命,佐己之喜怒;
官虽至卑,决不可以己之名节,佐人之喜怒。

【译文】

不管你的官位多高,权势多大,都不能用别人的生命来满足自己的欲望和情绪;即使你的官位再低,权势再小,也不能以自己的名声节操去讨好别人的喜怒之情。

听断之官,成心必不可有;
任事之官,成算必不可无。

从政类

听讼断案的官员，千万不能有成见，先入为主；具体办事的官员，心中一定要计划周详，胸中无数是不可取的。

无关紧要之票，概不标判，则吏胥无权；
不相交涉之人，概不往来，则关防自密。

【译文】

无关紧要的政令批文，一概不能随便签发，这样，下级官员就无法滥用职权；与公务毫不相关的人物，一概不与结识，那么门户就自然严密。

无辜牵累难堪，非紧要，
只须两造对质，保全多少身家。
疑案转移甚大，无确据，
便当末减从宽，休养几人性命。

【译文】

令无辜之人遭受牵累，令人难堪，但只要双方对质，便可保全许多人的名声和家庭。疑案辗转多次，没有确凿的证据，便应当从宽发落，可以保全不少涉案人的性命。

呆子之患，深于浪子，以其终无转智；
昏官之害，甚于贪官，以其狼藉及人。

【译文】

愚蠢和痴呆的人造成的祸患比浪子还要大，因为他毕竟无法再变得智慧和聪明；昏庸的官吏对百姓造成的危害比贪官还要严重，因为昏官更容易胡乱伤害百姓。

格言联璧

140

官肯著意一分,民受十分之惠;
上能吃苦一点,民沾万点之恩。

【译文】

做官的人只要多一分关心百姓的诚意,百姓就会受到十分的好处;做官的人只要肯多吃一点苦,百姓就会得到万点的恩惠。

礼繁则难行,卒成废阁之书;
法繁则易犯,益甚决裂之罪。

【译文】

礼节规定得越多就越是难于执行,最后就像束之高阁的书本,成为一堆无用的废纸;法律制定得过于庞杂,百姓动手抬脚就会触犯,其危害甚至比死刑更大。

善启迪人心者,当因其所明而渐通之,
毋强开其所闭;
善移易风俗者,当因其所易而渐反之,
毋强矫其所难。

【译文】

善于教育民众的人,应该采用由浅入深的方法,从他们已经明白的地方因势利导,而不能强迫他们去接受他们还不明白的道理;善于移风易俗的人,应从民众容易接受的地方入手循循善诱,不要强迫他们去改变难以改变的原有的风俗。

非甚不便于民,且莫妄更;
非大有益于民,则莫轻举。

从政类

141

【译文】

政令不是对百姓特别不利的,不要轻易改变;不是对百姓特别有益的,不要随便颁布执行。

　　情有可通,旧有者不必过裁抑,
　　免生寡恩之怨;
　　事在得已,旧无者不必妄增设,
　　免开多事之门。

【译文】

情有可原,只要能行得通,就不要将原有的政策规章过分裁减或抑制,以免招致缺少恩德的怨恨;事在可行,就不要将原来没有的机构随意增设,可免生事端。

　　为前人者,无干誉矫情,
　　立一切不可常之法,以难后人;
　　为后人者,无矜能露迹,
　　为一朝即改革之政,以苦前人。

【译文】

作为前人,不要为了自己的名声而造作,制定许多不符合实际的法律法规,使后来的执政者作难;作为后来的执政者,不要为了自夸其才,更不能为炫耀自己而标新立异,制定一些施行不久即要改掉的政策法令,来为难前人。

　　事在当因,不为后人开无故之端;
　　事在当革,无使后人长不救之祸。

格言联璧

【译文】

应当因袭的法令,就应该继续执行,以免为后人开无故乱改的先河;应当改变的陋规,就应该坚决改变,不要给后人留下无法补救的祸患和难题。

利在一身勿谋也,利在天下者谋之;
利在一时勿谋也,利在万世者谋之。

【译文】

如果一件事做了,只对自己有利,那么就不要去做。如果对天下百姓都有好处,则应该积极谋划。如果一件事做了,好处只在眼前一时,那么就不要去做,应该为百姓去谋取万世之利。

莫为婴儿之态,而有大人之器。
莫为一身之谋,而有天下之志。
莫为终身之计,而有后世之虑。

【译文】

不要做出小孩子的神态,而要有大人的器度。不要为自己谋私利,应该有志在四方的远大理想和抱负。不要只谋划自己的一生,而应该为子孙后代的长远利益认真谋划与考虑。

用三代以前见识,而不失之迂;
就三代以后家数,而不邻于俗。

【译文】

灵活运用三代以前的见识,而不要陷入迂腐的境地;创造性学习三代以后的方略,而不要落入窠臼。

大智兴邦,不过集众思;

大愚误国,只为好自用。

【译文】

有大智慧的人能够兴国安邦,但那不过是他们善于把众人的智慧总结在一起的结果;那些愚蠢固执的当权者之所以误国误民,都是刚愎自用的结果。

吾爵益高,吾志益下。
吾官益大,吾心益小。
吾禄益厚,吾施益博。

【译文】

我的爵位越高,我的追求越是低下。我的官职越大,我的心思越小。我的俸禄越多,我的施舍就越是广博。

安民者何? 无求于民,则民安矣。
察吏者何? 无求于吏,则吏察矣。

【译文】

怎样才能使百姓安居乐业呢? 即不要对百姓横征暴敛,则百姓就可以安居乐业了。怎样才能考察出官吏的好坏呢? 即不要向官吏索要财物,那么官吏的好坏就可以考察清楚了。

不可假公法以报私仇,
不可假公法以报私德。
天德只是个无我,王道只是个爱人。

【译文】

不能利用国家法律来报私怨,也不能利用国家法律来报私恩。公德在于无私无我,王道仁政在于保民爱民。

惟有主,则天地万物自我而立;
必无私,斯上下四旁咸得其平。

【译文】

唯有公心,那么天地万物才能够自由存在,独立演化;唯有无私,周围所有的官员才能和平共处。

治道之要,在知人。
君德之要,在体仁。
御臣之要,在推诚。
用人之要,在择言。
理财之要,在经制。
足用之要,在薄敛。
陈寇之要,在安民。

【译文】

治国之道的关键,在于知人善任。君王德行的关键,在于对臣民能够做到体恤和仁爱。统御臣下的关键,在于待之以诚。用人的关键,在于能够听进并采用他有道理的话。理财的关键,在于建立一套完整的经济制度。丰衣足食的关键,在于轻徭薄赋。搞好治安清除盗匪的关键,在于使百姓丰衣足食安居乐业。

未用兵时,全要虚心用人;
既用兵时,全要实心活人。

【译文】

不打仗的时候,一定要虚心选拔人才;战争一旦打起来时,一定要有

从政类

仁慈之心,保护生命,尽量减少人员伤亡。

　　天下不可一日无君,故夷、齐非汤、武,明臣道也。不然,则乱臣接踵而难为君。
　　天下不可一日无民,故孔、孟是汤、武,明君道也。不然,则暴君接踵而难为民。

【译文】
　　国家不能一日没有国君,所以伯夷、叔齐以此否定商汤和周武王,用以阐明如何为臣的道理。不这样,逆臣一个接着一个产生,君主是很难治理的。
　　国家也不能一日没有百姓,所以孔子和孟子肯定商汤和周武王,用以阐明如何为君的道理。不这样,像夏桀、殷纣这些暴君就会接踵而来,而百姓就无法生存下去。

　　庙堂之上,以养正气为先;
　　海宇之内,以养元气为本。

【译文】
　　在朝廷上,应把倡导正气放在第一位;四海之内,应该以养护百姓的生命元气为根本。

　　人身之所重者元气,
　　国家之所重者人才。

【译文】
　　对于一个人的身体来说,最重要的是如何保持它的元气;而对于一个国家来说,最重要的是如何培养以及正确使用人才。

惠吉类

圣人敛福,君子考祥。
作德日休,为善最乐。

【译文】
圣人注意福泽的积累,君子关注事业的成功。他们天天做有益于别人的美事,把行善当成自己一生最大的快乐。

开卷有益,作善降祥。

【译文】
翻开书卷学习就有好处,天天做善事上天就会降下福泽和吉祥。

崇德效山,藏器学海。
群居守口,独坐防心。

【译文】
一个人要有像大山一样的高尚德行,要有像海洋一样的器量和才能。和众人处在一起时少说为佳,个人独处时谨防邪念产生。

知足常乐,能忍自安。

【译文】
懂得满足,生活中就会天天感到快乐;能够做到忍耐,生活中自然平平安安。

穷达有命，吉凶由人。

【译文】

人的一生是穷困潦倒还是兴旺发达，皆由命运所决定；至于具体的吉凶祸福，起决定性作用的是个人。

以镜自照见形容，以心自照见吉凶。

【译文】

自己照镜子只能看到容貌仪表，以心性进行自我剖析才可预测未来的吉凶祸福。

善为至宝，一生用之不尽。
心作良田，百世耕之有余。
世事让三分，天空地阔。
心田培一点，子种孙收。

【译文】

善良是世界上最宝贵的东西，如果你能守住它，一生得福不止。以心灵作良田，耕作百世都会绰绰有余。处理任何事物都让人三分，自己前面的路则会天广地阔。时常注意在心里培养此种善德，那么子孙后代则会代代有所收获。

要好儿孙，须方寸中放宽一步。
欲成家业，宜凡事上吃亏三分。

【译文】

要想有优秀的儿孙，自己做事时必须宽宏大量；想要家业兴旺发达，遇事就得能吃得起亏。

留福与儿孙,未必尽黄金白镪。
种心为产业,由来皆美宅良田。

【译文】

想给子孙们造福,不一定是留给他们黄金白银;以修养身心为产业,则后代子孙必然会得到良田美宅。

存一点天理心,不必责效于后,子孙赖之;
说几句阴骘话,纵未尽施于人,鬼神鉴之。

【译文】

只要心中存有的天理良心不完全泯灭,即使没有立即在自己身上见效,而子孙后代自会依赖它而得福。说几句积阴德的公道话,即使没有完全施惠于人,鬼神也会知道你的善心。

非读书,不能入圣贤之域;
非积德,不能生聪慧之儿。

【译文】

不刻苦读书,就不能进入圣贤堂奥;不行善积德,便不能生养聪慧的儿女。

多积阴德,诸福自至,是取决于天。
尽力农事,加倍收成,是取决于地。
善教子孙,后嗣昌大,是取决于人。
事事培元气,其人必寿;
念念存本心,其后必昌。

多做善事，各种福泽自然就会到来，这取决于上天。努力耕耘，取得丰厚的收获，这取决于土地。善于教导子孙有高尚品德，后代自然就会昌盛，这取决于人事。凡事培养浩然正气，其人必然长寿；每一念头都从善心出发，后代一定兴旺昌盛。

勿谓一念可欺也，须知有天地鬼神之鉴察。
勿谓一言可轻也，须知有前后左右之窃听。
勿谓一事可忽也，须知有身家性命之关系。
勿谓一时可逞也，须知有子孙祸福之报应。

为人不能有任何借口可以去欺骗别人的想法，要知道天地鬼神能洞察一切；不要以为自己的一句话可以随便说出，要知道随时会有人暗中偷听；不要以为这是一件小事可以随意疏忽，要知道它往往会和你的身家性命休戚相关；不要以为可以为逞一时之快而轻举妄动，要知道会在子孙后代那里遭到报应。

人心一念之邪，而鬼在其中焉，
因而欺侮之，播弄之，昼见于形像，
夜见于梦魂，必酿其祸而后已。
故邪心即是鬼，鬼与鬼相应，
又何怪乎！
人心一念之正，而神在其中焉，
因而鉴察之，呵护之，上至于父母，
下至于儿孙，必致其福而后已。
故正心即是神，神与神相亲，
又何疑乎！

【译文】

　　人的心中只要有一点邪念产生，鬼怪也就会跟踪而至。于是鬼就会欺负你，捉弄你，使你白天精神恍惚仿佛有鬼在身边，夜里也不得安宁，梦里时常见鬼，必定酿成祸事才会作罢。所以邪恶的心就是鬼，鬼与鬼呼应在一起，这有什么值得奇怪的呢！

　　人的心中有一点刚正的念头，于是神灵就会保佑你。由于神灵的鉴察和呵护，不仅你自身，甚至上至父母下及子孙也都会受到神的保佑和恩赐。所以心中刚正、善良就是神，神与神相亲，这又有什么可以怀疑的呢！

终日说善言，不如做了一件；
终身行善事，须防错了一件。
物力艰难，要知吃饭穿衣，谈何容易！
光阴迅速，即使读书行善，能有几多？

【译文】

　　每天都说好话，不如做一件实实在在的善事；一辈子都做善事，但要高度警惕千万不要做错一件事。生活是艰难的，要知道穿衣、吃饭谈何容易！时光飞逝，即使一辈子坚持读书行善，又能做出多少善事呢？

只字必惜，贵之根也。
粒米必珍，富之源也。
片言必谨，福之基也。
微命必护，寿之本也。

【译文】

　　一个字都得爱惜，因为它是通向显达的根本；粒米必须珍惜，因为它是通向富贵的源头；每说一句话都需小心谨慎，因为它是福祉的根基；微小的生命必须保护，因为它是长寿的本源。

151

惠吉类

作践五谷,非有奇祸,必有奇穷;
爱惜只字,不但显荣,亦当延寿。

【译文】

糟蹋粮食,即使没有突如其来的灾祸,最后也会必然导致家庭的贫穷;刻苦读书,不但能得到高官厚禄荣华富贵,而且也能延年益寿。

茹素非圣人教也,好生则上天意也。

【译文】

吃素的主张不是圣人所教导的,而爱护生灵确实是上天的本意。

仁厚刻薄,是修短关。
谦抑盈满,是祸福关。
勤俭奢惰,是贫富关。
保养纵欲,是人鬼关。

【译文】

性格仁厚和为人刻薄,关系到一个人寿命的长短。谦虚谨慎和骄傲自满,关系到一个人得到的是福泽还是灾难。勤俭节约和奢侈懒惰,关系到一个人是贫穷还是富有。珍惜保养生命和纵欲无度,关系到一个人的生死。

造物所忌,曰刻曰巧;
万类相感,以诚以忠。
做人无成心,便带福气;
做事有结果,亦是寿征。

【译文】

万物的主宰者最不愿意看到的是刻意和取巧，应用诚意和忠实使万物相互感应。做人没有成见便会福气到来，做事有始有终也是长寿的象征。

执拗者福轻，而圆通之人其福必厚；
急躁者寿夭，而宽宏之士其寿必长。

【译文】

性格固执的人，福分极少；而处事豁达的人，福分极多。脾气急躁的人，活不长久；而宽宏大量的人，寿命则会很长。

《谦》卦六爻毕吉，恕字终身可行。

【译文】

《谦》卦的六则爻辞都是吉祥之语，一个"恕"字可以用之终身。

作本色人，说根心话，干近情事。

【译文】

做真实的自我，说自己心里的话，做合乎情理的事。

一点慈爱，不但是积德种子，
亦是积福根苗。试看那有不慈爱底圣贤？
一念容忍，不但是无量德器，
亦是无量福田。试看那有不容忍底君子？

【译文】

有一点慈爱之心，不只是积累道德的种子，而且是积累福气的幼苗。

惠吉类

153

试看普天下哪有不慈爱的圣人贤哲？有一点容忍之心，不只是无法计量的德器，而且也是无量的福田。试看普天下哪有不宽容的君子？

　　好恶之念，萌于夜气，息之于静也；
　　恻隐之心，发于乍见，感之于动也。

【译文】

　　人的念头无论善恶，全是在夜阑更深时萌生的，最后亦在清静处得以平息；人的怜悯之心，全是在短暂的一瞬间萌生的，并在动态中受感染。

　　塑像栖神，盍归奉亲；
　　造院居僧，盍往救贫。

【译文】

　　雕塑神像，供奉神灵，为什么不去侍奉双亲？建造庙观，养育僧尼，为什么不去救济贫困百姓？

　　费千金而结纳势豪，孰若倾半瓢之粟，以济饥饿！
　　构千楹而招来宾客，何如茸数椽之茅，以庇孤寒！
　　悯济人穷，虽分文升合，亦是福田；
　　乐与人善，即只字片言，皆为良药。

【译文】

　　与其耗费大量金钱结交权贵，还不如拿出半瓢粮食去救济饥饿的人！与其花费巨资去建筑高楼大厦招来宾客，还不如盖几间茅草房子以庇护天下孤冷的穷人！救助贫穷，哪怕是一文钱一升米，也是为自己耕耘福田；以与人为善为乐，说出的话哪怕只有只言片语，也是治病良方。

谋占田园,决生败子;
尊崇师傅,定产贤郎。

【译文】

一个人如果把心思全部用在如何广占田园上,那么他的后代必定生养着败家之子;一个人如果把心思全部用在尊师重教方面,那么他家一定会生养出品德高尚才华超群的优秀子孙。

平居寡欲养身,临大节则达生委命;
治家量入为出,干好事则仗义轻财。

【译文】

平时生活中一定要清心寡欲修养身心,一旦面临重大关头,就能临危不惧,从容效命;持家一定要量入为出,注意节俭,为坚持正义而做好事时,就能做到依仗正义不吝惜钱财。

善用力者就力,善用势者就势。
善用智者就智,善用财者就财。

【译文】

善于用力的人就应该用好自己的力量,善于运用权势的人就去运用权势行善,善于运用智慧的人就去充分利用才能和机智,善于运用钱财的人就去管理钱财。

身世多险途,急须寻求安宅;
光阴同过客,切莫汩没主翁。

【译文】

人生路上险象丛生,急需寻求一处安身立命的平安之所;光阴如同过客匆匆而去,自己的年华不能虚度,更不能使此生沉沦。

　　莫忘祖父积阴功,须知文字无权,全凭阴骘;
　　最怕生平坏心术,毕竟主司有眼,如见心田。

【译文】

　　不要忘记祖辈积蓄下来的阴德,在科考上,文字本身不会产生什么力量,能否考中全凭阴德;最可怕的是心术不正,但主考官的眼睛毕竟是雪亮的,一下子就能看穿士子的心。

　　天下第一种可敬人,忠臣孝子。
　　天下第一种可怜人,寡妇孤儿。
　　孝子百世之宗,仁人天下之命。

【译文】

　　天下最可敬的人是忠臣孝子,最可怜的人是寡妇和孤儿。孝子是百代宗师,仁人是天下的根本。

　　形之正,不求影之直而影自直。
　　声之平,不求响之和而响自和。
　　德之崇,不求名之远而名自远。

【译文】

　　只要自己身体端正,不要求影子端正,而影子也会自己端正。发出的声音谐调平和,不要求回响谐调平和,回响也会自己谐调平和。有崇高的道德品质,不要求名声远扬,而名声自然就会传遍天下。

　　有阴德者,必有阳报;
　　有隐行者,必有昭名。

【译文】

暗中积德的人，在他活着的时候，必然会得到好的回报；暗中做好事的人，本来不想出名，结果也会名扬天下。

施必有报者，天地之定理，仁人述之以劝人；
施不望报者，圣贤之盛心，君子存之以济世。

【译文】

施舍必有好报，这是天地间不变的道理，有仁义之心的人以此劝告他人戒恶行善；施舍与人不希望得到回报，是圣贤为人的高尚品质，君子用这种品质来救贫济世。

面前的理路要放得宽，使人无不平之叹；
身后的惠泽要流得远，令人有不匮之思。

【译文】

每做一件事都要合乎道理，把道理摆全说透，不要使人产生不公正的慨叹；留给子孙后代的恩泽要做到源远流长，使代代都有不尽的思念。

不可不存时时可死之心，不可不行步步求生之事。作恶事，须防鬼神知；干好事，莫怕旁人笑。

【译文】

一个人应该想到随时可能会死，要抓紧时间做好事，同时也应该想到时时求生之计；做坏事须提防鬼神察知，干好事则不要怕旁人笑话。

吾本薄福人，宜行惜福事；
吾本薄德人，宜行积德事。
薄福者必刻薄，刻薄则福愈薄矣；

厚福者必宽厚，宽厚则福益厚矣。

【译文】

我本是福分少的人，应该做积累福气的事；自己本是德行不高的人，应该做积德的事。福分很少的人必定刻薄，越是刻薄，福分就会越少；福分很多的人必定宽厚，越是宽厚，福分就会越多。

有工夫读书，谓之福。
有力量济人，谓之福。
有著述行世，谓之福。
有聪明浑厚之见，谓之福。
无是非到耳，谓之福。
无疾病缠身，谓之福。
无尘俗撄心，谓之福。
无兵凶荒歉之岁，谓之福。

【译文】

有时间读书，叫作福气。有力量助人，叫作福气。有著作传世，叫作福气。有聪明纯朴的见识，叫作福气。耳朵听不到是非，叫作福气。身上没有疾病，叫作福气。心中没有尘世利害烦心，叫作福气。没有战争和荒歉的岁月，叫作福气。

从热闹场中，出几句清冷言语，便扫除无限杀机；
向寒微路上，用一点赤热心肠，自培植许多生意。

【译文】

处在热闹场合，能说出几句清正冷静的话语，便能化解人们之间的积怨和仇恨；对贫困处境中的人，多付出一点爱心给予关爱和资助，就会培养出许多生机。

入瑶树琼林中皆宝,有谦德仁心者为祥。

【译文】

进入神仙居住的地方中一切东西都是珍宝,有谦虚美德和仁义之心的人一生都会吉祥如意。

谈经济外,宁谈艺术,可以给用。
谈日用外,宁谈山水,可以息机。
谈心性外,宁谈因果,可以劝善。

【译文】

在谈论钱财之外,应经常谈论一些艺术,可以使身心得到享受。在谈论日常俗事之外,应经常谈论一些自然山水,可以使心中的一些邪念得以平息。在谈论心性之外,应经常谈论一些因果报应,可以劝人从善。

艺花可以邀蝶,垒石可以邀云,
栽松可以邀风,植柳可以邀蝉,
贮水可以邀萍,筑台可以邀月,
种焦可以邀雨,藏书可以邀友,
积德可以邀天。

【译文】

养花可以招来蝴蝶,堆石可以聚集云雾,种松树可招清风,种柳树可招致鸣蝉,蓄水可引来浮萍,筑高台可观赏明月,种芭蕉可听雨声,收藏图书可招来朋友,积阴德可获得上天宠爱。

作德日休,是谓福地;
居易俟命,是谓洞天。

【译文】

　　行善积德，日趋美善，这叫进了福地；居处平易，顺应天命，这叫入了美妙境界。

　　心地上无波涛，随在皆风恬浪静；
　　性天中有化育，触处见鱼跃鸢飞。

【译文】

　　心中无杂念，泰然平和，则所处皆是风平浪静；性格得到圣人教化，则处处可见到鱼翔水底鸢飞长空的美好景色。

　　贫贱忧戚，是我分内事，当动心忍性，静以俟之，更行一切善，以斡转之；
　　富贵福泽，是我分外事，当保泰持盈，慎以守之，更造一切福，以凝承之。

【译文】

　　贫贱忧虑是我的分内事，一定要有坚韧不拔的耐心，静静地等候时机的来临，此时更应该去做一切能做的善事，以改变命运的捉弄；富贵荣华是我的分外事，应该保住安宁美满，谨慎地守护它，更要尽自己所能，去作为他人造福的事，使自家的富贵福泽能够传承下去。

　　世网那能跳出，但当忍性耐心，
　　自安义命，即网罗中之安乐窝也；
　　尘务岂能尽捐，惟不起炉作灶，
　　自取纠缠，即火坑中之清凉散也。

【译文】

　　人生在世如在网中，一旦陷入，怎能轻易跳出？只应忍耐，以待时机。这种安于现状的等待，就是生活之网中的安乐窝。要想彻底摆脱俗事，则是不可能的。只要不另起炉灶，不自寻烦恼，就是火坑中的一服清凉剂。

　　热不可除，而热恼可除，秋在清凉台上；
　　穷不可遣，而穷愁可遣，春生安乐窝中。

【译文】
　　炎热酷暑无法消除，但炎热酷暑给人带来的烦恼可以驱除，清凉的秋意已经到了清凉台上；贫穷不能赶走，但贫穷给人带来的忧愁倒是可以排遣，在安乐窝中乐而忘贫，随处可以看到春意盎然。

　　富贵贫贱，总难称意，知足即为称意；
　　山水花竹，无恒主人，得闲便是主人。

【译文】
　　无论富贵还是贫贱，一般都难以使人满意，只有知足人们才可能称心如意；自然美景山水花竹，没有永久不变的主人，谁有闲情逸致去观赏谁就是主人。

　　要足何时足，知足便足；
　　求闲不得闲，偷闲即闲。

【译文】
　　人什么时候才能感到满足？知足常乐便是满足；想休闲却得不到闲，能在忙中偷闲便是闲。

　　知足常足，终身不辱；
　　知止常止，终身不耻。

惠吉类

161

【译文】

　　知足就会常常感到满足,以至终身不受屈辱;知道停止往往才能适可而止,于是一生不会蒙受羞耻。

　　急行缓行,前程总有许多路;
　　逆取顺取,命中只有这般财。

【译文】

　　无论走得迅速或是缓慢,前方总是有那么长的路要走;无论是应该得到的或是不应该得到的,命中注定属于你的永远就是那么多,拿一点就少一点。

　　理欲交争,肺腑成为吴越;
　　物我一体,参商①终是弟兄。

【注释】

　　① 参商:二星名。参为二十八宿之一,位在西方。商,又叫辰和大火,二十八宿之一,与参星距离很远。参、商二星此出则彼没,两不相见。因以比喻人不能和睦相处。

【译文】

　　天理和人欲互相斗争,自己的心灵如同吴越对阵的战场;外物与万物融为一体,即使相距遥远的参、商二星也会成为亲密无间的兄弟。

　　以积货财之心积学问,以求功名之心求道德,
　　以爱妻子之心爱父母,以保爵位之心保国家。

【译文】

　　为人要以积货敛财的劲头来积累知识学问,以追求功名的心情来追求道德情操,以爱护妻子儿女之心来爱护父母,用保护自己官职的决心

来保卫国家。

> 移作无益之费以作有益,则事举。
> 移乐宴乐之时以乐讲习,则智长。
> 移信异端之意以信圣贤,则道明。
> 移好财色之心以好仁义,则德立。
> 移计利害之私以计是非,则义精。
> 移养小人之禄以养君子,则国治。
> 移御私敌之勇以御公侮,则兵足。
> 移保身家之念以保百姓,则民安。

【译文】

把浪费的钱财用来做有益于百姓的事,那么事业就能成功。把消耗在宴饮作乐中的时间用来读书学习,那么智慧就会增长。用信奉歪理邪说的精力来信奉圣贤,那么方向就会明确。用追求金钱美色的心情来追求仁义,那么道德品质就会形成。把计较利害的私心用来明辨是非,那么就不会出现错误行为。用供养小人的俸禄来重用君子,那么国家就会得到治理。把抵御私敌的勇气用来抵御公敌,那么就能做到兵强马壮。把保护自己生命的劲头用来保护百姓,那么百姓就能安居乐业。

> 做大官底,是一样家数。
> 做好人底,是一样家数。

【译文】

做大官的有做大官的信条,做好人的有做好人的原则。

潜居尽可以为善,何必显宦。躬行孝弟,志在圣贤,纂辑先哲格言,刊刻广布,行见化行一时,泽流后世,事业之不朽,蔑以加焉。
贫贱尽可以积福,何必富贵。存平等心,行方便事,效法前人懿行,训俗型方,自然谊敦宗族,德被乡邻,利济之无穷,孰大于是。

【译文】

致仕或隐居在野也完全可以做善事,不一定需要显赫的官位和权势。力行孝敬父母,友爱兄弟,其志在努力学习圣贤,把先哲格言编辑成书,刊刻流传,教化众人,恩泽流芳百世,此谓不朽大业,没有比这更高尚的了。

身处贫贱依然可以行善积德,不必等到富贵发达后去做。心存公平,行动给你带来好处和方便,效法前人高尚品德,劝告世俗弃旧图新,改过从善,自然会使宗族和睦相处,其仁德事迹流传乡里,济世利人永无止境,难道还有比这些事更大更有意义的吗?

一时劝人以口,百世劝人以书。

【译文】

用语言口头劝人行善,只在一时一刻;用书本劝人行善,可以百代奏效。

静以修身,俭以养德;人则笃行,出则友贤。

【译文】

平心静气以修养身心,勤俭节约以培养品德;在家中行为忠厚,在外面结交贤良。

读书者不贱,守田者不饥,
积德者不倾,择交者不败。

【译文】

读书之人品格不会低下,辛勤耕耘的人不会因缺乏粮食忍饥挨饿,善于积德的人行为正直不会因做恶事而倾家,谨慎交友者不会因结交坏人而招致败身。

明镜止水以澄心,泰山乔岳以立身,
青天白日以应事,霁月光风以待人。

【译文】

使心灵像明亮的镜子和宁静的水面那样纯洁平静,使人格像泰山那样崇高而耸立,使行为像晴朗的天空、灿烂的太阳那样光明磊落,对待人则要像晴空的月亮和缓和的清风那样坦诚与柔和。

省费医贫,弹琴医躁,独卧医淫,
随缘医愁,读书医俗。

【译文】

节省花费可以医治贫困,弹琴咏歌可以克服烦躁,独自睡眠可以排除色欲,一切顺乎自然可以解除忧愁,静心读书则可医治庸俗。

以鲜花视美色,则孽障自消;
以流水听弦歌,则性灵何害?

【译文】

把美色看成只能娇艳一时的鲜花,那么对美色的痴迷自会消除;欣赏动听的音乐就像听流水发出的声响,那么就不会给心灵带来危害。

养德宜操琴,炼智宜弹棋,遣情宜赋诗,
辅气宜酌酒,解事宜读史,得意宜临书,
静坐宜焚香,醒睡宜嚼茗,体物宜展画,
适境宜按歌,阅候宜灌花,保形宜课药,

惠吉类

隐心宜调鹤,孤况宜闻蛩,涉趣宜观鱼,
忘机宜饲雀,幽寻宜藉草,淡味宜掬泉,
独立宜望山,闲吟宜倚树,清谈宜剪烛,
狂啸宜登台,逸兴宜投壶,结想宜欹枕,
息缘宜闭户,探景宜携囊,爽致宜临风,
愁怀宜伫月,倦游宜听雨,玄悟宜对雪,
辟寒宜映日,空累宜看云,谈道宜访友,
福后宜积德。

【译文】

培养德行应弹琴,锻炼智慧要下棋,抒发感情应赋诗,维持气氛应喝酒,了解世事应读史,得意时适宜练毛笔字,独坐时候要焚香,睡醒之后喝点茶,体验物情应作画,环境舒适要吟唱,观察天气当浇花,保持安康当种药,心安时候能逗鹤,孤独时候听虫鸣,消遣应当观鱼,心无纷扰应当养鸟,寻找幽静当卧草,品尝滋味掬泉水,独自站立当望山,闲时赋诗应凭栏,晚上清谈应点烛,狂啸应当登高台,闲情来时要游戏投壶,思虑事情当卧枕,停止交友应闭门,探访美景当携囊,为讨清爽当临风,排遣愁怀立月下,游玩累了当听雨,心有所悟当对雪,避寒应该晒太阳,疲倦时候要看云,谈论道义应访友,福泽之后应积德。

悖凶类

富贵家不肯从宽,必遭横祸;
聪明人不肯学厚,必夭天年。

【译文】

富贵人家待人应该仁慈宽容,否则就会遭到意料之外的灾祸;聪明智慧的人应该具有忠诚厚道的品质,否则应该享受的自然寿命必然大大缩短。

倚势欺人,势尽而为人欺;
恃财侮人,财散而受人侮。

【译文】

倚仗权势欺凌别人,权势失去后就会被别人欺凌;凭借财富侮辱别人,财富尽时就会被人羞辱。

暗里算人者,算的是自家儿孙;
空中造谤者,造的是本身罪孽。

【译文】

喜欢暗地里算计别人的人,最终算计的是自己的儿孙;喜欢无中生有诽谤别人的人,到头来造成了自身的罪孽。

饱肥甘,衣轻暖,不知节者损福;
广积聚,骄福贵,不知止者杀身。

167

【译文】

吃着又肥又甜的珍贵食物,穿着又轻又暖的高级衣服,然而不懂得节制的人,自己的福分就会被上天减少;一天到晚只知积累财富,炫耀富贵,不知休止的人,将会招致杀身之祸。

文艺自多,浮薄之心也;
富贵自雄,卑陋之见也。

【译文】

凭着自己的文才炫耀卖弄,这是浮躁浅薄的表现;凭着位高财多而傲视别人,这是市井小儿的卑劣习气。

位尊身危,财多命殆。

【译文】

身处高位的人,处境艰难;财产过多的人,生命危殆。

机者,祸福所由伏,人生于机,
即死于机也;
巧者,鬼神所最忌,人有大巧,
必有大拙也。

【译文】

机会,是祸和福共同潜存的地方,人因机而生,同时也会因机而死;取巧,是鬼神最忌讳的事,人有大巧,必有大拙。

出薄言,做薄事,存薄心,
种种皆薄,未免灾及其身;
设阴谋,积阴私,伤阴骘,

事事皆阴，自然殃流后代。

【译文】

说薄情的话，做薄情的事，存薄情的心，一举一动一言一行全是薄气，那么自身就难免招致灾祸；心里设计阴谋，行为积累阴私，结果伤害阴德，事事离不开"阴"字，那么殃及后代亦属必然。

积德于人所不知，是谓阴德。
阴德之报，较阳德倍多；
造恶于人所不知，是谓阴恶。
阴恶之报，较阳恶加惨。

【译文】

在别人不知时行善积德即为"阴德"，阴德的回报比阳德的回报要高出一倍还多；在别人不知时做坏事积阴恶，这阴恶的回报比起对阳恶的回报将会更加惨重。

家运有盛衰，久暂虽殊，
消长循环如昼夜；
人谋分巧拙，智愚各别，
鬼神彰瘅^①最严明。

【注释】

① 彰瘅(dàn)：彰善瘅恶。此处的"瘅"乃憎恨之意。《尚书·毕命》："彰善瘅恶。"疏："彰明其为善，病其为恶。"此处的病与瘅同义。

【译文】

家庭的兴盛和衰败，时间各异，有的长一些，有的短一些，但从兴衰交替循环的角度上看，它们就像白天和黑夜相互交替一样，是无始也是无终的；人的智力有高有低，人的智谋有聪明和愚蠢的分别，但是，鬼神

悖凶类

扬善惩恶的原则是十分严厉分明的。

　　天堂无则已，有则君子登；
　　地狱无则已，有则小人入。

【译文】

　　如果没有天堂就算了，如果有就是君子进入；如果没有地狱就算了，如果有就该小人进去。

　　为恶畏人知，恶中冀有转念；
　　为善欲人知，善处即是恶根。

【译文】

　　做了坏事就怕别人知道，坏事有变成好事的希望；做了好事就想要别人知道，他就容易弄虚作假，于是好事有变成坏事的可能。

　　谓鬼神之无知，不应祈福；
　　谓鬼神之有知，不当为非。

【译文】

　　如果认为鬼神对人事没有知觉，那么世人就不应该向鬼神祈求福禄；如果认为鬼神对人事有知觉，那么世人就不应当在鬼神日夜的监视之下做任何坏事。

　　势可为恶而不为，即是善；
　　力可行善而不行，即是恶。

【译文】

　　有条件做坏事而没有做坏事，就是善德；有能力做好事而没有做好事,就是恶行。

于福作罪,其罪非轻;
于苦作福,其福最大。

【译文】
在日子富裕时候作孽,这种罪孽非常严重;在日子贫穷时候造福,这种福泽最大。

行善如春园之草,不见其长,日有所增;
行恶如磨刀之石,不见其消,日有所损。

【译文】
做好事像春天田园里的草,眼睛看不出它在生长,其实每天都在增长;做坏事就像磨刀的石头,眼睛看不到它在变薄变小,其实它每天都有损耗。

使为善而父母怒之,兄弟凶之,子孙羞之,
宗族乡党贱恶之,如此而不为善,可也。
为善则父母爱之,兄弟悦之,子孙荣之,
宗族乡党敬信之,何苦而不为善!
使为恶而父母爱之,兄弟悦之,子孙荣之,
宗族乡党敬信之,如此而为恶,可也。
为恶则父母怒之,兄弟怨之,子孙羞之,
宗族乡党贱恶之,何苦而必为恶!

【译文】
假使做好事让父母发怒,兄弟埋怨,子孙感到羞耻,同族同乡的人感到讨厌,如此不去做也是可以的。如果做好事让父母感到高兴,兄弟喜欢,子孙感到光荣,同族同乡的人敬重信任,那么,何苦不去做这些好事？假使做坏事让父母喜爱,兄弟高兴,子孙感到光荣,并且能得到同族同乡人的敬重和信任,这样的坏事就可以去做。假使做坏事使父母发怒,兄弟埋怨,子孙感到羞耻,同族同乡的人感到讨厌,那么何苦要去做这些坏事？

为善之人,非独其宗族亲戚爱之,
朋友乡党敬之,虽鬼神亦阴相之；
为恶之人,非独其宗族亲戚叛之,
朋友乡党怨之,虽鬼神亦阴殛之。

【译文】

做善事的人,不独他的宗族亲人热爱他,朋友乡人敬重他,甚至连鬼神也在暗中相助；做坏事的人,不仅他的宗族亲戚背叛他,朋友乡人怨恨他,甚至连鬼神也在暗地惩治他。

为一善而此心快惬,不必自言,
而乡党称誉之,君子敬礼之,
鬼神福祚之,身后传诵之；
为一恶而此心愧怍,虽欲掩护,
而乡党传笑之,王法刑辱之,
鬼神灾祸之,身后指说之。

【译文】

一个人做了一件好事,内心感到愉快惬意,不必自己说出,而乡亲就会称赞,君子就会敬重,鬼神也会暗中赐福,死后也会被人传诵；一个人如果做了一件坏事,内心感到羞耻和惭愧,即使千方百计进行掩饰,而乡亲们也会传为笑谈,王法不仅无法逃脱,鬼神也会暗中降灾,即使死后依然受人唾骂不已。

一命之士,苟存心于爱物,于人必有所济;

无用之人,苟存心于利己,于人必有所害。

【译文】

即便是卑微的小官,假如有爱心,那么他对别人一定有所帮助;无用的人,假如有颗利己的心,那么他对别人一定会造成危害。

膏粱积于家,而剥削人之糠覈 ①,

终必自亡共膏粱;

文绣充于室,而攘以人之敝裘,

终必自丧其文绣。

【注释】

① 糠覈(hé):指粗糙食物。

【译文】

自己家里堆满珍馐佳肴,却要去剥削掠夺别人家的糟糠粗食,最后必然会失去自己存放的精美的食品;自己家里放满锦绣衣服,却还要夺取别人家的破烂衣服,最后自家的锦绣衣服也会全部失去。

天下无穷大好事,皆由于轻利之一念。

利一轻,则事事悉属天理,

为圣为贤,从此进基;

天下无穷不肖事,皆由于重利之一念。

利一重,则念念皆违人心,

为盗为跖,从此直入。

【译文】

天下无数令人称道的好事善事,都是由于受轻利思想的支配而做出来的。在人的心中,只要有了轻利思想,就会把每件事处理得符合人心天理, 成为圣人君子, 也就是从这轻利二字打下基础; 天下成千上万的坏事, 都是由于受重利思想的支配而做出来的。在人们的心里, 只要有了重利思想, 那么对每件事情的处理就会违背人心背离天理, 最后甚至成为盗贼, 就是从这重利思想直接开始的。

　　清欲人知, 人情之常。
　　今吾见有贪欲人知者矣,
　　朵其颐, 垂其涎,
　　惟恐人误视为灵龟而不饱其欲也;
　　善不自伐, 盛德之事,
　　今吾见有自伐其恶者矣,
　　张其牙, 露其爪,
　　惟恐人不识为猛虎而不畏其威也。

【译文】

　　清廉的人很想让人知道自己的清廉, 这是人之常情。现在我却看到有些贪婪的人也想让人知道自己的贪婪, 鼓动着腮颊, 垂涎三尺, 唯恐别人把他当作灵龟而不能满足他的欲念似的。善良而不自我夸耀, 这是品德高尚的事, 现在我看到有人夸耀自己的凶恶, 张牙舞爪, 面目可憎, 唯恐别人不知道他是猛虎豺狼而不畏惧他的权势似的。

　　以奢为有福, 以杀为有禄,
　　以淫为有缘, 以诈为有谋,
　　以贪为有为, 以吝为有守,
　　以争为有气, 以嗔为有威,
　　以赌为有技, 以讼为有才。

【译文】

　　把奢华生活当作有福气, 把嗜杀当作财富俸禄, 把淫乱污秽当作有缘分,把欺诈当作谋略智慧,把贪污受贿当作有作为,把吝啬当作会理财,把争夺看成有气势,把嗔怒当作有威风,把赌博看成有技术,把诉讼时没理说成有理当作有辩才。

　　谋馆如鼠,得馆如虎,
　　鄙主人而薄弟子者,塾师之无耻也。
　　卖药如仙,用药如颠,
　　贼人命而诿天数者,医师之耻也。
　　觅地如瞽,谈地如舞,
　　矜异传而谤同道者,地师之无耻也。

【译文】

　　寻找教师职位时胆小如鼠,得到教师职位后威猛如虎,鄙视主人,苛待学生,这是私塾老师的无耻。卖药时像神仙一样吹嘘自己的药如何灵验,用药时像疯子一样随心所欲乱开处方,残害了病人生命却推诿天数已尽,这是医生的无耻。寻找风水宝地时像瞎子一样胡乱指点,谈论风水宝地时眉飞色舞,自夸其异传,又诋毁自己的同行,这是风水先生的无耻行径。

　　不可信之师,勿以私情荐之,
　　使人托以子弟。
　　不可信之医,勿以私情荐之,
　　使人托以生命。
　　不可信之堪舆,勿以私情荐之,
　　使人托以先骸。
　　不可信之女子,勿以私情媒之,
　　使人托以宗嗣。

【译文】

对于不值得信任的塾师，千万不要凭着私人感情加以推荐，让人把子弟托付给他。对于自己不了解的医生，千万不要凭着私人感情加以推荐，让人把生命托付给他。对于不可信任的风水先生，千万不能凭着私人感情加以推荐，让人把先人的尸骨托付给他。对于不可信任的女子，不要凭着私人感情替她做媒，让人把繁衍宗嗣的重任托付给她。

　　肆傲者纳侮，讳过者长恶。
　　贪利者害己，纵欲者戕生。

【译文】

肆意傲慢的人招致侮辱，粉饰过失的人助长恶习。贪图财利的人危害自己，放纵欲望的人戕害生命。

　　鱼吞饵，蛾扑火，未得而先丧其身。
　　猩醉醴，蚊饱血，已得而随亡其躯。
　　鹚食鱼，蜂酿蜜，虽得而不享其利。
　　欲不除，似蛾扑灯，焚身乃止。
　　贪不了，如猩嗜酒，鞭血方休。

【译文】

游鱼吞食诱饵，飞蛾扑向灯火，二者都是没有得到任何好处却先断送了自己性命；猩猩喝醉了酒，蚊子吃饱了血，二者都是已经得到了好处却立即丧失了自己的性命；鱼鹰捉鱼，蜜蜂酿蜜，虽然有所收益，但是不去享受自己的成果。不消除欲望，就像飞蛾扑火，直到烧毁了身躯才肯罢休。贪婪而不知足，如同猩猩喜欢喝酒，直到被鞭打得浑身流血才肯罢休。

　　明星朗月，何处不可翱翔？

而飞蛾独趋灯焰。
嘉卉清泉,何物不可饮啄?
而蝇蚊争嗜腥膻。

【译文】

无垠的天空星明月朗,有什么地方不可以飞翔?然而飞蛾却要扑向灯火,烧死自己;美好的大地处处有香草清泉,有什么东西不能吃喝?可是苍蝇、蚊子偏要追腥逐臭,不惜丢掉自己性命。

飞蛾死于明火,故有奇智者,必有奇殃;
游鱼死于芳纶,故有善嗜者,必有美毒。

【译文】

飞蛾由于受明亮火光的诱惑而死,因此特别聪明的人,必定有特别的祸殃;游鱼受芳香的垂纶的诱惑而死,因此有特别嗜好的人,必然会有美丽的毒饵引诱。

慨夏畦之劳劳,秋毫无补;
笑冬烘之贸贸,春梦方回。

【译文】

常常为酷夏种田劳苦,秋天没有收成而感慨;常常为迂腐之人的目光短浅而发笑,他们只有到了春雷惊梦时方才醒悟回到现实。

吉人无论处世平和,即梦寐神魂,
无非生意;
凶人不但做事乖戾,即声音笑貌,
浑是杀机。

悖凶类

善良的人不但处世平和,即使睡梦中的灵魂,也充满着盎然生意;凶恶的人不但做事乖戾而不近情理,即使声音笑貌,亦全是充满着令人害怕的杀机。

仁人心地宽舒,事事有宽舒气象,
故福集而庆①长;
鄙夫胸怀苛刻,事事以苛刻为能,
故禄薄而泽短。

【注释】

① 庆:福。

【译文】

有仁爱之心的人胸襟开阔,宽广平和,事事表现出他们的宏大气度,因此福泽在他们身上积聚而且久长;鄙俗的人心胸狭窄,待人苛刻,事事以苛刻为能事,因此福泽浅薄而又短暂。

充一个公己公人心,便是吴越一家;
任一个自私自利心,便是父子仇雠。

【译文】

如果人人心中都充满一个对人对己的公正之心,即便是吴国和越国这样的敌国也会变得亲如一家;如果人人都怀着一颗自私自利的心,即便是父亲和儿子也会变为仇敌。

理以心为用,心死于欲则理灭,
如根株斩而本亦坏也;
心以理为本,理被欲害则心亡,
如水泉竭而河亦干也。

【译文】

天理为人心所用,如果人心死于欲望,那么天理也就随之灭绝了,就像树根被斩断树干必然枯死是一样的道理。人心以天理为根本,如果天理为欲望所害,那么人心也就死亡了,就像水源枯竭河流也会干涸是一样的道理。

鱼与水相合,不可离也,离水则鱼槁矣。
形与气相合,不可离也,离气则形坏矣。
心与理相合,不可离也,离理则心死矣。

【译文】

鱼要生活,必须和水结合,一旦离开了水,那么它马上就会干死;形体想活,必须和元气相结合,一旦离开了气,则形体就会马上坏死;人心和天理相结合,二者不可分离,一旦离开了天理,人心也将马上死去。

天理是清虚之物,清虚则灵,灵则活;
人欲是渣滓之物,渣滓则蠢,蠢则死。

【译文】

天理是清洁空虚的东西,清虚的天理就神灵,神灵的天理就能长存。人欲是渣滓一样的东西,渣滓一样的东西使人愚蠢,愚蠢就会使人的生命白白丧失。

毋以嗜欲杀身,毋以货财杀子孙,
毋以政事杀百姓,毋以学术杀天下后世。

【译文】

不要因放纵嗜欲而伤害身体,不要因为钱财而伤害子孙,不要因为政事而伤害百姓,不要利用学术之名来伤害天下后世。

悖凶类

毋执去来之势而救权，
毋固得丧之位而为宠，
毋恃聚散之财而为利，
毋认离合之形而为我。

【译文】

不要依据瞬息变化存亡不定的形势去追逐一种胜券未操的权力；不
要固守得失不定的官位争夺恩宠；不要依靠聚散不定的财货去图谋私利；
不要认定离合无时的形体就是自我。

贪了世味的滋益，必招性分的损；
讨了人事的便宜，必吃天道的亏。

【译文】

满足私欲、贪图物质的享受，必定会招致心灵的损伤；表面上看是占
了人家的一点便宜，实际上却吃了天理的大亏。

精工言语，于行事毫不相干；
照管皮毛，与性灵有何关涉！

【译文】

只管在言辞上下功夫而不付诸行动，那么就和成就大事毫无益处。
只管在皮毛小事上做表面文章，那么就和陶冶性灵修养品德没有什么
关系！

荆棘满野，而望收嘉禾者愚；
私念满胸，而欲求福应者悖。

【译文】

田地里长满荆棘不去耕耘,而却日夜盼望着大获丰收,这是愚蠢的幻想;满胸装的全是私欲,却打算祈求上天降给他福祉,那是根本不可能的。

　庄敬非但日强也,
　凝心静气,觉分阴寸晷,
　倍自舒长;
　安肆非但日偷也,
　意纵神驰,虽累月经年,
　亦形迅驶。

【译文】

端庄恭敬的人,不但每天自强不息,专心致志,即使是片刻,也会当作经年累月去珍惜;而追求逸乐放纵自己的人,不但每天得过且过,胡思乱想,心猿意马,即使经年累月,也像是白驹过隙那样迅疾渡过。

　自家过恶自家省,
　待祸败时,省已迟矣;
　自家病痛自家医,
　待死亡时,医已晚矣。

【译文】

自己的过失错误应该及时认真反省,一旦等到灾难临头,败局已定时,再反省已经来不及了;对待自己的疾病痛痒应当要及时诊治,等到死亡来临的时候,再去寻医问药已经太迟了。

　多事为读书第一病。
　多欲为养生第一病。

悖凶类

多言为涉世第一病。

多智为立心第一病。

多费为作家第一病。

【译文】

读书的第一个毛病是杂事多。养生的第一个毛病是欲望多。处世的第一个毛病是言语多。立德的第一个毛病是智谋多。持家的第一个毛病是费用多。

今之用人，只怕无去处，

不知其病根在来处；

今之理财，只怕无来处，

不知其病根在去处。

【译文】

现在任用官员，只怕找不到合适的位置，其实毛病在于当初是怎样培养和选拔人才的；现在管理财务，只怕财源匮乏入不敷出，其实关键在于开支是否合理。

贫不足羞，可羞是贫而无志。

贱不足恶，可恶是贱而无能。

老不足叹，可叹是老而无成。

死不足悲，可悲是死而无补。

【译文】

贫穷没有什么可以羞愧的地方，应该羞愧的是贫穷而胸无大志。地位低下不值得憎恶，值得憎恶的是地位低下而没有改变的能力。年老并不值得叹息，值得叹息的是年老却一事无成。死亡并不值得悲哀，值得可悲的是死后没有给人世留下什么裨益。

事到全美处，怨我者难开指摘之端；
行到至污处，爱我者莫施掩护之法。

【译文】

做事达到完美境界，即使恨我的人也难以找到指责我的理由；品行到了污秽不堪的地方，即使爱我的人也没法施展掩护的办法。

衣垢不涮，器缺不补，对人犹有惭色；
行垢不涮，德缺不补，对天岂无愧心。

【译文】

衣裳脏了不清洗，器具坏了不修补，面对别人尚有惭愧之色；而行为污秽不知洗刷，道德败坏不知补救，面对苍天难道没有悔恨的情绪吗？

供人欣赏，侪风月于烟花，是曰亵天；
逞我机锋，借诗书以戏谑，是名侮圣。

【译文】

靠写烟花柳巷的风月之事供人欣赏，这叫亵渎上天。利用诗词书文开玩笑以炫耀口才，这叫侮辱圣贤。

罪莫大于亵天，恶莫大于无耻，
过莫大于多言。

【译文】

世界上最大的罪行就是亵渎上天，最大的丑恶就是不知廉耻，最大的过失就是多嘴多舌。

言语之恶，莫大于造诬。

183

悖凶类

行事之恶,莫大于苛刻。
心术之恶,莫大于深险。

【译文】

言语中最大的危害,没有比造谣诬陷更大的了;处理事情的最大危害,没有比计较苛刻更严重的了;心术不正最大的危害,没有比阴险叵测更狠毒的了。

谈人之善,泽于膏沐①;
暴人之恶,痛于戈矛。

【注释】

① 膏沐:妇女用来润发的东西。

【译文】

称赞别人的善行,被称赞人脸上的光彩比膏沐还要明亮;暴露他人的短处,被暴露人所受的痛苦比戈矛的砍刺还要厉害。

当厄之施,甘为时雨;
伤心之语,毒于阴冰①。

【注释】

① 毒:阴毒,即使人心寒。阴通"窨",即冰窨。

【译文】

当人处于危难之际时而得到帮助,就会像干旱时的及时雨那样甘甜;伤害别人心灵的话语,却比冰窨里的冰块还要让人心寒。

阴恶积雨之险奇,可以想为文境,
不可设为心境;
华林映日之绮丽,可以假为文情,

不可依为世情。

阴雨连绵的险奇景象,可以想象为文章的意境,但不能把它设想为心境;绮丽的山林映日景象,可以借做文章抒发的情感,但不能把它作为世上人间的真情一样看待。

巢父洗耳 ① 以鸣高,予以为耳其窦也,

其言已入于心矣,当剖心而浣之;

陈仲出哇 ② 以示洁,予以为哇其滓也,

其味已入于肠矣,当刲 ③ 肠而涤之。

【注释】

① 巢父洗耳:巢父乃陶唐时高士。隐居于嵩山,以树为巢,而寝其上,故号巢父。帝尧以天下让之,不受。尧又让许由,许由亦不受,隐耕于嵩山之下,颍水之阳。尧又欲召为九州长,由不欲闻,洗耳于颍水之滨。洗耳是许由而不是巢父。作者或误记,或粗疏造成。

② 陈仲出哇:陈仲,即陈仲子,乃齐国廉士。不食兄之禄,不居兄之室。有馈其兄生鹅者,其母杀之与之食。仲子知是鹅肉,出而哇之。

③ 刲(kuī):割。

【译文】

巢父用洗耳朵来表明自己清高,但我以为耳朵只是头部的一个洞,听到的话已经进入心中了,应当把心剖开才能洗净;陈仲吐出鹅肉以示廉洁,但我以为吐出的只是渣滓,味道已经进入肠子里了,应把肠子割开才能洗净。

诋 ① 缁黄 ② 之背本宗,或衿 ③ 带坏圣贤名教;

晋青紫 ④ 之忘故友,乃衡茅 ⑤ 伤骨肉天伦。

悖凶类

①诋：诋毁。

②缁（zī）黄：指僧人或道士。因僧人穿黑色衣服，道士穿黄色衣服。缁，黑色。

③衿：衣裳的带子。

④青紫：古代官员的代称。

⑤衡茅：意为衡门茅屋，形容所居房屋的简陋。

【译文】

诋毁僧人道士背叛自己的宗族，就像文人败坏圣贤的道德教化一样；辱骂当官的人忘记了亲人故友，就像隐居的人伤害了骨肉亲情一样。

炎凉之态，富贵甚于贫贱；

嫉妒之心，骨肉甚于外人。

【译文】

世态的炎凉，富贵人家比贫贱人家更加厉害；人心的嫉妒，骨肉至亲之间比起外人更加严重。

兄弟争财，父遗不尽不止；

妻妾争宠，夫命不死不休。

受连城^①而代死，贪者不为，

然死利者何须连城？

携倾国^②以告殂，淫者不敢，

然死色者何须倾国。

【注释】

①连城：乃"连城之璧"或"连城璧"的省称，形容价值极高的宝物。

②倾国：此指美人。《汉书·外戚传》："北方有佳人，绝世而独立。一顾倾人城，再顾倾人国。"后用倾国倾城比喻绝色佳人。

【译文】

兄弟争夺财产,不到把父亲遗产分尽的时候不会停止;妻妾争宠,不到丈夫死亡的时候不会罢休;接受价值连城的宝物让他去代替别人而死,即使一个贪婪成性的人也不会同意,然而为利而死的人又何必要价值连城之宝? 携带美人一块赴死,即使好色之人也不愿意,然而为美色而死的人又何必要倾国之色?

病危乌获^①,虽童子制梃可挞;
臭腐王嫱^②,惟狐狸钻穴相窥。

【注释】

① 乌获:古代大力士。

② 王嫱:汉元帝宫女。称归人,字昭君。

【译文】

大力士乌获病重的时候,连小孩子也敢用棍子打他;美女王昭君尸体腐烂发臭的时候,恐怕只有狐狸会钻穴偷看她。

圣人悲时悯俗,贤人痛世疾俗,
众人混世逐俗,小人败常乱俗。

【译文】

圣人对世俗悲悯,贤人对世俗痛心疾首。众人人云亦云追逐世俗,小人扰乱社会秩序、伤风败俗。

读书为身上之用,而人以为纸上之用;
做官乃造福之地,而人以为享福之地。
壮年正勤学之日,而人以为养安之日;
科第本消退之根,而人以为长进之根。

悖凶类

读书是为了修身养性,而现在的人们却认为读书只是纸上的文字功夫。做官本来是为百姓造福的良好时机,而现在的人们却认为是享福,是谋取私利的手段。壮年时候正是勤学苦读、积极进取的好岁月,而现在的人们却认为是养生安逸的时候。科举及第本是谦让的好时机,而现在的人们却认为金榜题名正是追名逐利、飞黄腾达的好契机。

　　盛者衰之始,福者祸之基。
　　福莫大于无祸,祸莫大于邀福。

【译文】

　　事物兴盛到了极点往往是它衰败的开始,福祉常常是灾祸的源头。没有灾祸就是最大的幸福,不择手段地求福就是最大的祸患。